명상과 수행

Meditation and Its Practice

개정판

개정판 명상과 수행 Meditation and Its Practice

지은이 스와미 라마 Swami Rama
옮긴이 최경훈
편 집 아힘신 편집부
초 판 1쇄 발행 2012년 7월 31일
개정판 1쇄 발행 2018년 2월 15일
개정판 2쇄 발행 2023년 5월 15일

펴낸이 최경훈 **펴낸곳** 아힘신
주소 26427 강원도 원주시 원일로115번길 12(서진빌딩 5층)
전화 033)748-2968 **이메일** ahymsin.korea@gmail.com
등록번호 제 419-2007-000002호 **등록일자** 2007년 1월 23일

Meditation and Its Practice by Swami Rama
ⓒ1992, 1998 by The Himalayan International Institute of Yoga Science and Philosophy of U.S.A.
This translation is published by arrangement with The Himalayan Institute Press through Hagenbach
& Bender GmbH and The Agency, Literary Agency.

이 책의 한국어판 저작권은 The Agency 에이전시를 통해 저작권자와 독점 계약한
도서출판 아힘신에 있습니다.
저작권법에 의해 한국 내에서 보호를 받는 저작물이므로 무단 전재와 복제를 금합니다.

ISBN 978-89-959194-5-3 03150
정가 10,000원

개정판

명상과 수행
Meditation and Its Practice

스와미 라마 지음 최경훈 옮김

아힘신

차 례

소개의 글   7
서문   15

제1장   명상이란 무엇인가?   19
제2장   명상을 위한 준비   37
제3장   명상을 위한 자세   51
제4장   명상·마음·만트라   69
제5장   호흡 수행   85
제6장   명상 향상을 위한 프로그램   113
제7장   질의와 응답   135

부록 1   이완 훈련   153
부록 2   호흡 훈련   159
            용어 해설   167

소개의 글

1973년 7월, 작은 호수가 내려다보이는 언덕 위에 비와 강한 햇살을 막아 주는 보금자리가 만들어졌다. 1백 명이 넘는 사람들이 스와미 라마Swami Rama의 연속 강연을 듣기 위해 중부 미네소타에 펼쳐진 평화로운 농원으로 모여든 것이다. 스와미 라마께서는 긴 텐트 앞쪽 낮은 연단에 좌정하셨다. 부드러운 풀이 무성한 텐트 그늘에는 앉아 있는 사람들이 펼쳐 놓은 담요, 카펫, 쿠션 들로 가득했다. 더운 날씨 탓에 텐트 양쪽에 드리웠던 자락이 걷어져 있어서 텐트 안으로 시원한 산들바람이 드나들고 있었다. 시간을 잊은 듯한 이런 풍경은 높은 경지에 다다른 스승이 펼치는 요가에 대한 가르침의 완성도를 더욱 높여 주는 듯했다.

수차례 강의를 통해 스와미 라마께서 펼친 그분의 사상은 우리 모두에게 친숙해져 있었지만, 이날 강의 내용은 새롭고 흥미로운 것이었다.

스와미 라마께서 말씀을 시작하셨다.

"여러분은 두 세계, 즉 내면세계와 외부세계에 속해 있습니다. 인생에서 성공하기 위해서 우리는 이 두 세계 사이에 다리 놓는 법을 알아야 할 것입니다. 극단적인 견해는 세상에 도움이 되지 못할 뿐 아니라 여러분 자신의 삶에도 도움이 되지 못합니다. 여러분의 생각과 감각, 감정 그리고 욕망을 통제하는 것이 최선의 길입니다."

이와 같은 말로 그분은 각 개인의 자아를 통제하는 것에 대한 그분의 생각을 피력하기 시작하셨다.

"통제한다는 것은 여러분의 생각, 감각, 감정, 욕망들을 아예 끊어 버리거나 내버려 둔다는 의미가 아니라 균형을 잡는다는 뜻입니다. 통제하기 위해서는 너무 빠르게 달려가고 있는 마음을 진정시켜야 합니다. 여러분에게는 마음 전체가 온전하게 쉬는 것이 필요할 것입니다. 그러려면 여러분이 자신을 아는 새로운 방법을 배워야 합니다. 이렇게 내면을 아는 방식을 가리켜 '명상'이라고 부릅니다."

이어서 명상 수행 과정에 대해 자세한 설명을 시작하셨다.

내가 명상에 대한 스와미 라마의 강연을 들은 것이 이번이 처음은 아니었다. 나는 이번 강연이 있기 8개월 전에 명상과 바이오피드백의 관계에 대한 세미나에서 그분을 만났다. 그 세미나 기간에 스와미 라마와 나는 메인홀에서 떨어진 작은 방에서 개인적으로 만나 이야기를 나누었다. 우리는 낮은 커피테이블을 사이에 두고 앉았는데, 그 테이블 위에는 세미나 요원 중 한 사람이 휴대용 뇌파검사로 측정한 나의 뇌파 기록지가 놓여 있었다. 스와미 라마께서는 나와 대화를 나누시면서 그 기록을 잠깐씩 쳐다보셨다.

"자네 명상을 하는가?"

"아니요. 하지 못하고 있습니다."

수차례 명상을 하려고 애를 쓴 적은 있었지만 그냥 그렇게 대답했다. 나는 체계적으로 명상을 하지 못했기 때문에 그렇게 대답할 수밖에 없었다.

"자네는 명상을 배워야 하네."

스와미 라마께서 말씀하셨다.

그분은 즉시 내가 명상을 시작하도록 만드셨으며, 나는 그 주말 동안 명상의 목표와 명상에 필요한 기초적 기술을 배우는 데 전념했다. 그 후 나는 수행을 계속하기 위해서 스와미 라마의 제자들로 구성된 소규모 그룹에 참여했다.

처음 몇 년 동안에는 명상에 대한 주요 서적, 기사, 스와미 라마의 지도로 만들어진 문헌 등 여러 분야의 자료에서 명상에 대한 많은 정보를 얻을 수 있었다. 게다가 경험이 많은 선생님들이 안내자가 되어 기꺼이 나를 도와주셨다. 그 결과 상당한 양의 강의노트가 쌓이게 되어 그룹 일원들과 함께 그 자료를 서로 나누었고, 학생들은 새로운 기술이 소개될 때마다 그들의 명상 방법을 끊임없이 개선해 나갔다.

그러면서 명상에 관한 일반적 개념이 점차 틀이 잡혀 가는 과정을 경험할 수 있었다.

"그렇다면 결국 명상이란 무엇인가?"

우리는 항상 내면에서 이런 질문을 하고 있었다. 스와미 라마께서는 '명상'을 의식의 채널링channeling으로 설명하시곤 하셨다. 물론 그분이 뜻하는 바는 영적 채널링은 아니었다.

"마치 강물이 기대어 흐르는 강둑처럼 명상은 자신을 인식하도록 의식을 흐르게 합니다. 여러분이 보여 주는 다른 행동처럼 명상은 체계적인 과정입니다. 여러분이 이 과정을 이해할 때 명상은 좀 더 신뢰할 만해지고 또 더욱 깊은 체험으로 우리를 인도합니다."

스와미 라마께서 가르치신 방법은 인도의 위대한 스승 파탄잘리Patanjali가 상세히 설명한 과정을 따르고 있다. 이 과정은 체계적으로 구성되는데, 먼저 몸, 다음은 호흡, 그리고 감각, 마지막으로 마음에 그 초점을 둔다.

"단계를 건너뛰지 마십시오. 체계적인 방법으로 계획을 따라가다가 때가 되면 열매를 맺을 것입니다. 여러분이 그 방법을 올바르게 수행한다면 그때에는 틀림없이 여러분에게 도움이 될 것입니다."

명상 수행에 관한 강의는 종종 정신 집중에 대한 문제로 옮겨 가곤 했다. 1984년 네팔 강연에서 스와미 라마께서는 이 주제를 아주 여러 번 언급하셨다. 그분은 학생들에게, 외부세계에서의 경험에서 갖게 된 자신의 생각, 행동양식, 명칭 등을 자신의 정신과 동일시하는 습관을 버리기는 매우 어렵다는 점을 상기시키셨다. 아침에 잠에서 깨어나는 순간 마음은 외부세계에서 형성된 관념체제로 다시 들어가 그 속에 갇히게 되는 것이다.

"스승의 임무는 마음에 새로운 초점을 제시함으로써 마음을 고착된 습관들로부터 내면으로 다시 데려오는 것을 돕는 것입니다."

이렇게 말씀하신 다음 명상에서 무엇이 새로운 초점이 되어야 하는지에 대해서도 심도 있게 다루셨다.

"스승의 얼굴을 떠올려 그것에 집중해야 하는 것일까요? 아니면 사랑하는 사람의 이름이나 추상적인 개념에 집중해야 할까요? 이렇게 한다면 마음은 목적을 잊어버리고 다시 바깥으로 방향을 틀게 됩니다. 그런데 만트라mantra는 외부의 어떤 대상과도 상응하지 않는 소리입니다. 만트라의 진동은 어떤 형태를 만들어 내지만 그것은 여러분의 외부에 있는 것이 아닙니다. 만트라의 의미를 깨닫는 것은 바로 '되어감'의 문제입니다. 만트라를 들음으로써 마음을 어지럽히는 수많은 잔물결이 고요해지고 조화로움 속에서 깊이 집중할 수 있게 됩니다. 이때 여러분은 삶에서 위대하고 놀라운 일을 성취할 수 있게 됩니다."

스와미 라마께서는 우리가 명상을 할 때 상념이 떠오르

곤 하는 것을 예리하게 꿰뚫어 보셨다. 간혹 그분은 이것을, 기쁜 생각을 하는 사람의 얼굴에 나타나는 행복한 표정과 걱정, 근심에 갈 길을 모르는 사람의 주름 깊은 이마를 예로 들면서 재미있게 설명하기도 하셨다. 하지만 그분은 학생들에게 "깨어 있으라."는 말씀을 잊지 않으셨다.

"무의식 세계에 계속 머물기 위한 명상은 절대로 하지 마십시오. 우리 내면에 존재하는 진아(眞我)인 아트만Atman을 경험하는 교두보를 만들기 위해 명상을 하십시오. 상념을 품지 마십시오."

미네소타 강연이 있은 지 20년이 지난 후에도 스와미 라마께서는 인도에서 예전과 같은 내용으로 체계적 수행에 대해 계속 가르치셨는데, 갠지스 강둑을 따라 자리한 그분의 아쉬람 근처에서 함께 앉아 있던 제자들에게 이렇게 말씀하셨다.

"매일매일 규칙적으로 수행하십시오. 여러분의 에고ego가 의식의 중심을 향해 여행할 수 있도록 하십시오. 여러분 자신이 평화, 행복, 기쁨임을 아십시오. 자유는 여러분의 원초적인 본성입니다. 이것을 체험하고 또 체험하면 그것과 하나가 될 것입니다."

그리고 다시 덧붙여 말씀하셨다.

"이 여정에서 존재의 상실이란 없습니다. 눈에 보이는 이 세상에는 오는 것과 가는 것만이 있습니다. 태어남은 도착이고 죽음은 곧 떠나감을 의미합니다. 여러분은 여기에 잠시 머물 뿐입니다. 명상하십시오! 그러면 여러분은 이 세계의 실체를 파악할 것입니다."

이 책 「명상과 수행」은 삶의 여정과 존재의 신비를 이해하는 길을 소개하고 있다. 그 메시지는 시간을 초월하며, 그 기술은 매우 체계적이다. 물론 이 책의 주제는 우리 자신의 변화다.

이 책을 읽는 동안 여러분 마음속에 명상에 대한 관심이 꽃피기를 바란다. 왜냐하면 이 수행을 통해 하루하루 일상의 사건들로 인해 불어닥치는 폭풍에도 불구하고 삶을 고요하게 운영해 나갈 수 있기 때문이다.

롤프 소빅Rolf Sovik, 심리학 박사

서문

 이 책은 명상의 기본 수행법을 체계적으로 정확하게 소개하는 입문서다. 이 책을 통해서 여러분은 철학적이고 이론적인 지식보다는 순차적이고 단계적인 접근을 통해 실용적인 정보를 얻을 수 있을 것이다. 또한 명상을 위한 준비과정에 필요한 가장 중요한 수행법도 소개되어 있다. 이러한 준비단계의 수행법은 여러분의 명상의 질(質)을 한층 더 높여 줄 것이다.

 수천 년 동안 자신의 삶을 좀 더 평화롭고 창조적이고 충만하게 살고 싶어 하는 구도자들이 명상의 과학적 측면을 연구하고 수행해 왔다. 명상은 육체의 건강을 향상하고 우리가 엮어 가는 모든 관계와 활동을 슬기롭게 만들어 줄 것이다. 이러한 점이 바로 다른 방식으로는 이루어 낼 수 없는, 명상이 아니고서는 불가능한 것이기 때문에 명상은 여러분 스스로 모든 단계를 맛볼 수 있도록 해 줄 것이며, 마침내 여러분을 삶 속의 자질구레하고 시시한 것에 사로잡힌 의식에서 중심 의식으로 인도할 것이다. 이 의식의 중심 혹은 더 높은 자아를 아트만*Atman*이라 한다.

구도자의 열망은 자신에게 내재한 아트만을 제대로 깨달았을 때 이루어지며, 그렇게 되면 더 이상 마음과 세상의 대상을 동일시하지 않게 된다. 이런 일이 일어날 때 구도자는 아트만의 영역, 즉 내적 환희의 상태인 사마디*samadhi*에 들어서게 되는 것이다. 이러한 경지에 도달한 후에는 모든 의문에 대한 답을 얻게 되고 모든 문제를 해결할 수 있게 된다.

기본적인 수행법은 배우기 쉬울 뿐 아니라 여러분이 제대로 수행하면 할수록 더 많은 효험을 경험할 수 있을 것이다. 처음에는 내면의 고요함이 깊어지고 스트레스를 더 잘 이겨내는 것과 같은 단순한 변화를 감지하겠지만, 더 계속할수록 자신에게서 더욱 깊고 의미 있는 발전이 이루어지고 있는 것을 알게 될 것이다. 이렇게 내면으로 향하는 여정은 매우 즐거울 것이고, 여러분이 늘 꾸준히 규칙적으로 수행할 수 있도록 도와줄 것이다.

사실 실용명상학(Practical Science of Meditation)은 아주 심오하고 흥미롭기 때문에 어쩌면 아사나*asana*(요가 자세)나 프라나야마*pranayama*(호흡학)를 포함한 요가의 또 다른 분야, 건강 증진과 관련된 관심사 그리고 명상의 근본적인 철학과 심리학에 흥미를 갖고 도전하게 될지도 모른다. 이 책을 통해 삶의 기쁨을 얻고 수행에 도움을 얻기 바란다.

제1장
명상이란 무엇인가?

'명상'이란 말은 아주 다양한 의미로 쓰이고 있기 때문에 명상이 정확히 무엇인지, 그리고 어떻게 수행해야 하는지에 대해서 혼란스러운 점이 많다. 어떤 사람은 '명상'이란 용어를 생각이나 묵상을 의미하는 것으로 잘못 쓰기도 하고, 또 어떤 이는 공상이나 몽상을 뜻하는 것으로 잘못 알고 있기도 하다. 그러나 명상은 그런 것과는 전혀 다른 수행 과정이란 점을 잘 이해해야 한다.

명상은 마음의 휴식을 위한 기술이며, 일반적으로 눈을 떠서 깨어 있는 상태(waking)와는 완전히 다른, 의식(consciousness)이 깨어 있는 상태를 경험하는 것을 말한다. 명상을 하는 동안 우리는 완전히 깨어 있으면서도 주위에서 일어나는 일이나 외부세계에 마음을 두지 않게 된다. 마음은 잠들지도, 꿈을 꾸거나 공상을 하지도 않는다. 마음은 오히려 정결해지고 편안해지며 내적으로 집중할 수 있게 된다.

'명상'(meditation)의 어원은 '의술'이나 '치료하다'라는 말의 어원과 비슷하다. 이 말들의 어원은 무언가에 '마음을 쓰는 것', '주의를 기울이는 것'이란 뜻을 담고 있다. 명상 중에 우리는 전혀 모르던 아주 새롭고 깊은 내적 차원에 주의를 기울이게 된다. 이 깊은 단계는 생각하고, 분석하고, 공상하거나 감정과 기억을 경험하는 것보다 더 심오하다. 명상은 고요히 집중하면서 평온하게 '내면을 주시하는 상태'라고 할 수 있다. 이러한 상태를 만들어 내는 것은 어렵지도 힘들지도 않다. 오히려 명상은 마음의 휴식과 이완을 얻는 과정이라는 것을 알게 될 것이다. 처음에는 우리 마음이 '내면 주시의 상태'로 만들어 가는 훈련이 되어 있지 않아서 어려움을 겪게 된다.

이 세상 어느 사회에서든지 사람들은 생존과 활동에 필요한 기술을 배우며, 또 그들이 속한 문화 속에서 맡은 역할을 제대로 하기 위해 어떻게 말하고, 생각하고, 일하고,

사물을 탐색하며 외부세계를 어떻게 경험하는지를 배운다. 또한 우리가 살고 있는 이 세상을 이해하기 위해서 생물학, 환경과학, 화학과 같은 과학을 배운다. 하지만 아무도, 심지어 학교나 대학에서조차도 우리 자신의 내적인 차원을 어떻게 이해하고 관심을 가져야 할지에 대해서는 가르쳐 주지 않는다. 우리는 자신을 올바로 아는 참된 앎은 뒤로 한 채 목표나 관습, 사회의 가치 등에 동화되기 위해 그것들을 배울 뿐이다. 이렇게 우리는 자신에 대해 무지하게 되고 다른 사람의 의견이나 충고에 자신을 내맡기게 된다.

명상은 정말로 오묘하며, 매우 정교하고 세심한 접근방식이다. 명상은 몸, 호흡, 마음 같은 우리 자신의 다양한 측면을 이해하고 그것에 집중하는 것을 배우는 간단한 기법이다. 시간이 지날수록 스트레스로 인해 나타나는 육체적, 심리적, 정신적 증상에서 벗어나면서 느낄 수 있는 해방감만큼의 큰 기쁨과 명료함, 깨달음과 같은 명상의 긍정적 효험을 알게 될 것이다.

이 글에서 소개하고 있는 명상 지침은 우리가 명상을 체계적으로 수행하도록 인도해 줄 것이며, 시작단계에서 흔히 가지는 가장 보편적인 물음에 답을 줄 것이다. 이 기법을 배우고 익혀서 얼마 동안은 여러분만의 명상을 계속할 수 있지만, 궁극적으로는 숙련된 명상 지도자에 의한 지도가 유익하고 필요한 단계가 있다. 그렇지만 이 책에서는 가장 중요하고 기본적인 수행법만을 알려 주고자 한다. 명상을 함에 있어서 신체적으로 무언가 특별한 것을 할 필요도 없으며, 이상하거나 이국적인 관습에 맞출 필요도 없고, 아주 오랜 시간 명상을 해야만 명상이 향상되고 그 효험을 알 수 있는 것도 아니라는 점을 깨달을 것이다. 그리하여 우리는 곧 자신이 명상 수행을 즐기고 있음을 알게 될 것이다. 우리 몸은 더 편안해질 것이고, 마음은 더 창조적이 되고, 집중력이 좋아질 것이며, 심지어는 건강과 인간관계에 중요한 변화가 일어나는 것을 알 수 있을 것이다.

명상의 치유 기능은 그 초기단계에서부터 경험할 수 있다. 명상은 근육과 자율신경계를 완화해 주고, 정신적인 스트레스에서 벗어나게 해 준다. 명상을 하는 사람은 평온한 마음을 갖게 되며, 스트레스와 긴장에 대한 반응을 제한해서 면역체계를 강화시킨다. 며칠 동안 충실하게 명상을 하면 식욕 조절에 도움이 되고, 심지어는 분노 같은 감정도 어느 정도 통제할 수 있다는 사실을 알게 될 것이다. 또한 명상은 잠을 줄여 주고 몸과 마음을 활기 있게 해 준다. 이런 사실은 다양한 직업의 수련자들에게서 관찰한 결과다. 작가, 시인, 사상가들은 가장 우수하고 진보한 모든 지식 측면에서 자신의 통찰력이 더욱 창의적이 되고 발전하게 되었다는 점에 관심을 나타낸다. 명상은 일상생활에서 우리의 타고난 재능을 향상시키는 체계적 방법이다.

명상은 건강에도 막대한 영향을 끼친다. 요즘에는 많은 질병이 생각이나 감정에서 발생되고 영향을 받는다고 생각해서 그런 질병들은 심신(psychosomatic)질환으로 분류되고 있다. 과학자들은 이러한 질병을 정통의학이나 정신요법이라는 전통적 방식으로 치료할 수 없다는 것을 인식하기 시작했다. 병의 원인이 마음이나 감정의 반응에서 기인한다면 어떻게 외적인 치료방법으로 건강을 회복할 수 있겠는가? 만약 여러분이 외적인 치료에만 매달리고 자신의 마음과 감정들을 알려고 들지 않는다면, 여러분은 그저 치료사나 의사의 도움에만 의존하게 된다. 이와 반대로 명상은 사람을 자립적으로 만들고, 인생의 모든 문제를 좀 더 효율적으로 다루는 데 필요한 내면의 힘을 얻게 해 줄 것이다.

명상의 과정

명상을 진행하기 위해서는 우리 마음이 생각하고, 분석하고, 기억하고, 문제를 해결하고, 지나간 일에 마음을 쓰거나 앞날을 기대하는 모든 경향을 버려야 한다. 우리는 생각과 감정이 쉴 새 없이 이어지는 마음을 가라앉히도록 해야 하며, 이런 정신활동을 내면 인식과 집중으로 바꿀 수 있도록 해야 한다. 이처럼 명상은 어떤 문제를 생각하거나 상황을 분석하는 것이 아니다. 또한 명상은 공상하거나 백일몽에 잠기거나 마음이 이리저리 흘러가도록 내버려 두는 것도 아니다. 명상은 우리 자신과의 내적인 대화나 언쟁도 아니고, 어떤 생각에 몰두하는 것도 아니다. 명상은 그저 고요하고 편안하게 의식을 하나에 집중하는 것이다.

명상 중에 우리는 산만해지는 마음, 몰두하고 있는 것, 맴도는 생각, 그리고 보통 깨어 있는 상태에서 경험하는 모든 기억을 지나가게 내버려 둔다. 이것은 우리 마음을 비우려고 애쓰는 것이 아니라, 내면에 더욱 집중하게 해 주는 하나의 섬세한 영역이나 대상에 초점을 맞추는 것이다. 이렇게 우리 자신을 내면에 초점을 맞추게 함으로써 마음으로 하여금 걱정하고, 계획하고, 생각하고, 비판하는 등의 긴장을 일으키는 정신활동을 멈추게 한다.

명상을 배우는 학생은 마음을 집중하는 데 도움이 되는 내면의 도구를 얻게 될 수도 있다. 어떤 경우에는 집중하기 위해 시각적 이미지를 사용하기도 하지만, 거의 대부분 '소리'를 가장 많이 이용한다. 학생의 마음상태에 따라 소리나 이미지는 외적으로 작용할 수도 있고, 민감하게 작용할 수도 있다. 명상을 할 때 정신을 집중하기 위해 사용하는 '소리'를 만트라mantra라고 부르는데, 이 만트라는 정신적 단계에 커다란 효험을 발휘한다.

만트라는 한 낱말, 한 구절, 일련의 소리, 또는 한 음절일 수도 있다. 만트라에 집중하면서 학생은 마음을 산만하게 하는 쓸데없는 것들을 버리고 좀 더 깊이 자신의 내면으로 들어갈 수 있게 된다. 전 세계적으로 옴Om, 아멘Amen, 또는 샬롬Shalom과 같은 만트라가 사용되고 있는데, 이것들은 정신을 집중하는 데 그 목적이 있다. 이 책에서는 여러분의 수행을 위한 기본 만트라를 소개할 것인데, 이 만트라를 규칙적으로 사용한다면 최상의 효과를 누릴 것이다.

고대와 현대를 통틀어 이 세상의 위대한 영적 전통들을 살펴보면 만트라와 같은 역할을 하는 음절이나 소리, 단어

조합과 같은 발음체계가 있다. 이것은 참으로 위대하고 심오한 과학이며, 이 내면의 지식에 통달한 유능한 스승은 학생을 명상의 길로 잘 이끌어 줄 수 있다. 준비단계에 속하는 수행법은 간단하고 쉬워서 선생님의 지도 없이 할 수 있지만, 배우는 사람이 마음을 다루기 시작할 때에는 적절한 만트라가 필요하게 된다. 명상 전통에 대단히 정통한 스승에게서 받은 만트라를 사용하게 되면 매우 강하고 효과적인 결과를 얻게 될 것이다.

명상 서적과 문헌에는 만트라에 대한 주제가 포괄적으로 언급되어 있다. 요가학(The Science of Yoga)을 체계화한 파탄잘리Patanjali는 "만트라는 의식의 가장 깊은 원천을 대변한다."라고 말했다. 그러므로 만트라는 유한한 삶과 영원한 삶의 다리가 되어 준다고 할 수 있다. 우리가 죽는 순간 육체, 호흡, 의식적 마음이 무의식과 개개인의 영혼에서 떠나는데 그 순간에도 명상가가 의식적으로 기억해 왔던 만트라는 계속해서 무의식 속에 만트라의 인상을 각인시킨다. 죽음의 시점에서 이 만트라의 인상은 명상가에게 강력한 동기를 부여해서 영원한 삶으로 떠나는 여정이 쉽도록 도움을 주는 것이다.

만트라는 마음에 주어진 토대이며 또한 그 초점, 집중의 대상이기도 하다. 스승은 학생의 불타는 열정의 정도와 마음상태에 따라 만트라를 고르는데, 이를 통해 가장 깊은 진리를 드러내 보여 주게 된다.

우리가 산을 오를 때 많은 등산로 중 하나를 정하듯이, 명상에는 여러 다른 기술이 있지만 이는 모두 내면의 집중 상태, 고요함, 평온함을 얻으려는 한 가지 목표만을 갖는다. 이 목표를 이루는 것을 도와주는 것이라면 어떠한 기술이든 모두 효험이 있다고 하겠다. 효험 있는 기술은 많은데, 그 기술이 모두 여러분이 내면의 고요함을 유지하고 집중하는 데 도움이 된다면 방법이 달라도 효과에서는 별 차이가 없을 것이다.

사람들은 종종 명상법을 서로 비교하거나, 그들 전통이나 스승이 최고라고 우기며 논쟁을 벌이기도 한다. 훌륭한 스승은 명상의 보편성을 인정하고 또 존중한다. 그리고 그들의 기술을 맹종하거나 그것만 옳다고 주장하지 않는다. 명상은 내면의 차원을 탐색하고 생(生)의 모든 단계를 체계적으로 가늠해 볼 수 있는 가치 있고 유익한 방법이다. 가르치는 사람이 자만에 빠져 있거나, 자기만의 스타일을 고집하고 주장하거나, 자신의 명상기술이 더 우월하다고 주장하지 않는 한 긍정적이고 값진 결과가 있을 것이다.

시작단계에 있는 학생은 올바른 명상법을 찾아내거나 이해할 만큼 마음이 청정하기 않기 때문에 자기만의 명상법을 추구하는 선생의 영향을 받을 수도 있다. 그런데 슬프게도 이런 선생 중 몇몇은 정직하지 않고 심지어 명상 수행도 하지 않는다. 많은 학생은 참된 배움을 얻고자 이 선생 저 선생을 전전하면서 값진 시간을 낭비하게 된다. 이렇게 많은 시간과 노력, 돈을 들인 다음 그들은 실망하고 좌절하고, 결국엔 참된 길을 찾으려는 노력을 그만두게 된다. 히말라야 전통에서는 세상에 '죄'라는 것이 있다면, 선생이 배우고자 하는 학생을 혼란스럽게 하고 잘못 이끄는 것이 그중 가장 큰 죄라고 말한다.

우리의 삶을 세심하게 관찰해 보면, 우리는 어렸을 때부터 계속해서 외부세계의 사물들을 검토하고 확인하기 위한 교육만을 받아 왔을 뿐, 어떻게 내면을 들여다볼 것이며 어떻게 내면세계를 찾아내는지, 또 자기 내면세계를 어떻게 확인하는지에 대해서는 아무도 가르쳐 주지 않았다. 그 결과 우리 자신이 아닌 다른 것을 알기 위해 애쓰고 노력하는 동안 우리는 자기 자신에게서 이방인처럼 밀려나 있게 된 것이다. 이렇게 자기 자신에 대한 이해가 부족하기 때문에 우리의 관계가 제대로 돌아가지 않고 혼란과 실망이 우리 삶을 가로막고 있는 것이다.

공적인 교육체계에서는 마음이 거의 개발되지 못한다. 우리 정신에서 꿈꾸고 잠을 자는 부분, 즉 우리 경험의 창고라고 할 수 있는 광범위한 무의식 영역이 우리에게 알려지지 않고 갈고 닦이지 않은 채 남아 있는데, 이는 우리가 조절할 대상이 아니라고 생각하기 때문이다. 몸 전체가 마음 속에 있다는 것은 맞는 말이다. 하지만 마음 전체가 몸 안에 있다는 것은 진리가 아니다. 명상을 수행하는 것을 제외하고는 마음 전체를 개발시키는 방법이 없다고 할 수 있다.

우리는 바깥세계에서 어떻게 움직이고 행동해야 하는지를 배웠지만 가만히 있는 것과 우리 내면에 무엇이 있는지를 살펴보는 것은 배운 적이 없다. 한편 고요해지고 평정을 찾는 방법을 배우는 것이 의례나 종교 의식을 행하는 것이 되어서는 안 된다. 왜냐하면 명상은 몸을 지닌 인간이면 누구에게나 요구되는 우주적인 요청이기 때문이다. 지긋이 앉아 있는 것을 배울 때 우리는 형언할 수 없는 기쁨을 맛보게 된다. 명상을 통해서 우리는 인간이 경험할 수 있는 가장 높은 경지의 기쁨을 맛보는 것이다. 세상의 모든 기쁨은 잠깐 있다가 사라질 것들이지만 명상이 주는 기쁨은 헤아릴 수 없이 크고 영원하다. 이것은 결코 과장이 아니다. 세상과 단절한 채 진리를 얻은 현자(sage)들이나, 세상 속에서도 평온함을 유지하며 사는 수많은 성현들이 입증하는 진실을 말할 뿐이다.

마음은 과거의 습관에 얽매여 있거나 미래에 경험할 것을 미리 상상하려는 경향이 있다. 마음은 지금 여기에 존재하는 법을 정말 모르고 있다. 명상만이 '영원'과 연결되어 있는 '지금'을 온전히 경험하게 해 줄 수 있다. 명상을 통해 마음이 내면 한 곳에 집중할 때 우리의 마음은 존재의 가장 깊은 단계까지 꿰뚫는 힘을 얻을 것이다. 그러면 마음은 더 이상 산만해지거나 궤도를 벗어나지 않을 것이고, 명상을 할 때 반드시 필요한 집중력을 얻을 수 있게 된다. 이 사실을 알고 명상을 시작하는 사람은 얼마나 복된가! 명상을 계속하는 사람은 더욱 복된 사람이다. 명상을 삶의 우선순위에 두고 규칙적으로 수행하기로 결심한 소수의 수행자는 가장 복된 사람들이다.

이 명상의 길에 들어서기 위해서는 먼저 명상이 무엇인지 분명하게 이해하고, 자신에게 맞는 편안한 수행법을 고른 다음 가능하면 매일 같은 시간에 계속 수행하면 된다. 그러나 요즘 학생들은 금방 조바심을 내고, 잠깐 해 보고 말거나, 수행법이 유용하지 않다거나 신뢰할 수 없다면서 포기하고 만다. 이것은 튤립 알뿌리를 화분에 심고는 일주일 만에 꽃이 피지 않았다고 좌절해 버리는 아이와 같은 행동이다. 실천만 하면 발전이 없을 수 없으므로 여러분이 규칙적으로 명상한다면 발전을 확실히 경험할 것이다.

　여러분은 처음에 명상 과정에서 몸의 긴장이 풀리는 것과 감정의 기복이 없어져서 차분해지는 것을 알게 될 것이다. 그런 다음에 더 많고 미세한 다른 신호들을 느낄 것이다. 아주 중요한 명상의 효과는 시간이 흐르면서 점차 드러나며, 극적이지도 않고 쉽게 알 수도 없다. 명상을 꾸준히 하면 발전되는 것을 경험할 수 있을 것이다. 다음 단계로 올라서게 되었을 때 명상이 얼마나 진전되었는지를 판단하는 방법에 대해서는 뒤에 다시 이야기할 것이다.

　이 주제를 끝내기 전에 우리는 명상과 혼동되는 다른 정신작용과 명상과의 차이를 명확히 밝힐 것이다.

명상이 아닌 것

명상은 묵상이나 사색이 아니다

명상은 묵상이나 사색이 아니다. 묵상, 특별히 진리, 평화, 사랑과 같이 영감을 주는 개념이나 이념을 묵상하는 것이 명상에 도움이 될 수도 있다. 하지만 이것은 명상 과정과는 다르다. 묵상을 할 때 여러분의 마음은 어떤 개념이나 생각의 의미와 가치를 깊이 생각한다. 그러나 명상 체계에서 묵상이 때로 도움이 된다 해도 이는 명상과는 별개의 행위다. 명상에 들어갈 때 여러분은 마음속에 어떤 개념을 생각하는 정신활동 단계를 뛰어넘는 것이다.

명상은 최면이나 자기암시가 아니다

명상은 최면이나 자기암시가 아니다. 최면술에서는 여러분 자신이나 다른 사람에 의해서 어떤 암시가 주어진다. "이제 점점 졸릴(또는 편안해질) 것입니다." 하는 식으로 암시를 받게 된다. 이와 같이 최면술은 마음으로 하여금 어떤 것이 효과가 있다고 믿게 하거나 지시한 특정한 방식대로 생각하게 하려고 마음에 있는 것을 사로잡아 조종하거나 통제하려 든다. 암시가 갖는 힘이 막강하므로 이런 암시가 효과적일 때도 있다. 하지만 불행하지도 부정적인 암시도 흔히 여러 면에서 우리에게 파괴적인 효력을 발휘한다. 명상 중에는 마음에 직접적인 암시를 주거나 마음을 통제하려 들면 안 된다. 그저 마음을 관찰하면서 차분하고 침착하게 해서 만트라가 여러분을 더 깊은 내면으로 이끌어 존재의 깊은 단계를 탐구하고 경험하도록 해야 한다. 명상 전통에서는, 최면술과 같은 수행에는 약간의 잠재적 위험이 있다고 여긴다. 예를 들면 최면은 암시 중에 사용된 외부의 자극에 대항하는 미묘한 반발 때문에 마음속에 갈등을 불러일으킬 수도 있다. 최면이나 자기암시 같은 수행이 치유 효과가 있을 수는 있지만 명상과는 반드시 구분해야 한다. 현자들은 명상과 최면은 정반대라고 말한다. 왜냐하면 명상은 암시나 외부의 영향을 받지 않는 자유로운 상태이기 때문이다.

명상은 종교가 아니다

명상은 종교가 아니다. 명상은 여러분의 신앙을 바꾸거나 여러분의 문화를 부정하는 이상하고 이국적인 수행법이 아니다. 명상은 종교가 아니라 모든 면에서 여러분 자신을 깨닫게 해 주는 실용적이고 과학적이고 체계적인 기법이다. 명상은 세상의 어떠한 문화나 종교에도 속해 있지 않다. 다만 우리 생(生)의 내면 차원을 탐색하고 마침내 여러분을 자신의 본성에 우뚝 서게 해 주는 순수하고 단순한 방법이다. 어떤 학파에서는 이 타고난 본성을 사마디*samadhi*라고 하며, 또 어떤 학파에서는 니르바나*nirvana*라고도 한다. 어떤 사람들은 이것을 완성 혹은 깨달음이라고도 한다. 이것은 또한 그리스도 의식이라고 불릴 수도 있다. 이런 명칭과 분류는 전혀 문제가 되지 않는다. 명상시스템은 어떤 특정 종교가 아니라 내적인 영성을 추구할 뿐이다.

어떤 사람은 명상을 한다고 하지만 실제로는 종교나 문화적 가치와 혼합되어 버린 수행법을 추구하기도 한다. 이런 수행법을 배우는 학생은 명상이 그의 종교적인 신앙과 상충될 수도 있고 자신의 문화를 포기하고 다른 문화의 관습을 따라야 할지도 모른다는 걱정을 하게 된다. 이것은 있을 수 없는 일이다. 종교는 사람들에게 무엇을 믿을지 알려 주지만 명상은 여러분에게 스스로 직접 경험하는 것을 가르쳐 준다. 종교와 명상 사이에 충돌이란 있을 수 없다.

예배는 기도처럼 신과 대화하는 신앙의 일부분이다. 분명 여러분은 기도하는 신앙인이면서 동시에 수행하는 명상가도 될 수 있다. 하지만 명상을 하기 위해 특정 종교에 속하거나 그 어떤 종교를 거부할 필요는 없다. 명상은 순수한 기법으로, 체계적으로 순서에 따라 수행되어야만 한다.

- 명상을 하기 위해 배워야 하는 것
1. 몸의 긴장을 풀기
2. 명상을 위한 자세를 취하고 편안히 앉아 있기
3. 호흡을 고르게 가다듬기
4. 마음이라는 기차 안에서 창밖을 스치는 풍경을 가만히 관찰하기
5. 생각의 질(質)을 점검하기와 영적 성장에 도움이 되고 긍정적인 것을 추구하기
6. 어떤 상황에서도 마음을 흐트러뜨리지 않고 집중하기

이 책은 위 내용을 체계적으로 다룰 것이며, 이를 통해 여러분의 명상 생활이 기쁨에 넘치고, 명상이 깊어지고 효력을 발휘하도록 도울 것이다. 명상에 대한 확실한 이해와

그에 알맞은 기술과 자세를 지닌다면 명상이 여러분을 새롭게 하고 활력을 준다는 것을 알게 될 것이다.

　이제 이 기초적 배경을 이해했다면 다음 단계인 '명상 준비하기'로 넘어가 보자.

제2장
명상을 위한 준비

　명상의 단계 중에서 가장 중요한데도 불구하고 자주 빠뜨리고 지나쳐 버리는 것이 바로 '준비' 단계다. 적절하게 준비하지 않으면 육체적, 정신적, 정서적으로 산만해져서 명상이 깊고 심오해지는 것을 방해한다. 몸은 그 자체가 명상상태가 되도록 이끌거나 도울 수 없지만, 신체적인 문제점이나 불편함은 마음을 산만하게 하여 명상에 장애가 된다.

　가장 일반적인 문제는 계속되는 긴장으로 인해서 또는 적당한 휴식을 취하지 못해서 생기는 질병과, 일상의 쉼 없는 노동으로 편안한 휴식을 취하지 못해 생기는 피곤함과 무력감, 그리고 굶거나 과식으로 인한 식습관 등이다. 이러한 신체적 방해 요소는 우리가 생활을 관리하는 법을 점차 깨달아 가며 없앨 수 있다. 물론 치료보다는 예방이 훨씬 낫다. 감기에 걸렸거나 그 밖의 가벼운 신체적 문제가 있다면 명상을 계속할 수도 있지만, 집중할 수 없을 정도의 불편함과 통증을 수반하는 중병은 당연히 명상에 방해가 된다. 다행스럽게도 명상은 우리 몸의 상태를 더 민감하게 느끼도록 해 주기 때문에 건강을 잘 유지하기 위해 몸이 필요로 하는 것이 무엇인지 적절히 대응함으로써 질병을 다소 예방하도록 도와준다.

기본 지침

높은 단계에 다다른 명상가는 어디서나 명상을 할 수 있다. 하지만 우리는 몇 가지 기본 지침을 따라야 좀 더 편안하게 명상할 수 있다. 명상을 위해서 특별하거나 색다른 전제조건이 있는 것은 아니며, 집이나 시골, 도시, 해변, 숲 속 등 어느 곳에서도 명상을 할 수 있다. 하지만 명상을 위해서 선택한 장소가 조용하고 평화롭고 안락하게 정리되어 있다면 그곳이 가장 적합하다고 할 수 있다.

가장 이상적인 것은 방이나 집 한 구석을 명상 장소로 따로 구분하는 것이다. 명상 장소는 환기가 잘 되어야 하고, 불쾌한 냄새가 나거나 답답함, 불편함이 느껴지면 안 된다. 우리에게는 깨끗하고 조용한 장소가 필요하다. 주방이나 텔레비전 혹은 전화, 명상을 방해할 다른 것들로부터 멀수록 좋고, '바쁜 일상'으로부터 뚝 떨어져 있다면 그곳이 바로 최상의 장소다. 신경이 쓰이는 사무실 같은 장소도 피해서 조용하고 쾌적한 장소를 먼저 선택하기 바란다. 침대에서 명상하는 것은 심리적으로 잠과 연관성을 갖는 관계로 맑은 정신으로 깨어 있는 상태를 유지하기 힘들기 때문에 권하고 싶지 않다.

명상을 밤이나 낮이나 할 수 있지만, 전통적으로 볼 때 가장 좋은 시간은 '이른 아침'이나, 우리를 둘러싼 세상이 조용해지고 다른 사람의 방해를 받지 않는 '늦은 밤' 시간이 좋다. 아침이나 저녁때나 다 상쾌하고 정신이 맑은 상태를 경험할 텐데 그때가 바로 명상하기 가장 좋은 시간이라 할 수 있다. 그러나 하루 일정과 책무도 명상할 시간을 결정하는 데 큰 영향을 미친다. 아이를 키우는 부모라면 아이들이 모두 잠든 후가 좋을 것이다.

처음에는 5~15분 정도로 짧게 명상을 한다. 그리고 이 시간에는 다른 사람의 방해를 받지 않아야 하고, 해야 할 일을 잠시 내려놓아야 하며, 일에 쫓기거나 사로잡혀서도 안 된다. 우리가 일상을 잘 조절할 수 있는 가장 쉬운 방법은 아침에 조금 더 일찍 일어나거나 밤에 잠들기 바로 전에 명상 시간을 갖는 것이다.

시간을 정해 놓고 매일 규칙적으로 명상을 한다면 명상이 아주 빨리 향상되는 것을 알 수 있다. 이러한 습관을 들이고, 명상이 결코 빼놓을 수 없는 일상의 한 부분으로 자리를 잡는다면 수행을 심화하는 데 매우 큰 효력이 있을 것이다. 비록 우리의 일정이 하루하루 바뀐다 해도 적당한 시간을 찾고 또 가능한 한 꾸준히 규칙적으로 수행하도록 하라. 그러면 게으름이나 다음으로 미루려는 성향 때문에 생기는 정신적 저항감을 없앨 수 있다.

1단계 : 정화(cleansing)

먼저 몸이 준비되어야 한다. 명상은 몸이 상쾌하고 편안한 상태에서 긴장이 풀리고 깨끗할 때 가장 쉽게 할 수 있다. 샤워를 하거나 얼굴이나 손, 발을 씻는 것만으로도 상쾌함을 느낄 수 있다. 명상을 준비하기 전 아침에 용변을 보고 방광과 장을 비우면 가장 편안하게 명상을 할 수 있을 것이다.

2단계 : 스트레칭(stretching)

어떤 사람은 밤에 자고 일어나면 몸이 뻣뻣하거나 아픈 것을 느낀다. 이런 경우 따뜻한 물로 목욕을 하고 가벼운 스트레칭을 하면 몸을 준비하기가 더 쉽다.

하타요가_hatha yoga_의 아사나_asana_는 몸을 튼튼하고 유연하게 만들어 건강을 유지하기 위해 특별히 개발되었다. 그러나 아사나는 자격을 갖춘 지도자에게 직접 배우는 것이 가장 좋다. 아주 짧은 시간만이라도 스트레칭과 아사나를 통해 등과 다리를 쭉 펴고 유연하게 하면 명상하기가 확실히 더 편해질 것이다. 몇 분 정도의 스트레칭이나 요가 아사나만으로도 명상 수련의 질을 확실하게 향상시킬 수 있다. 격렬한 에어로빅과는 달리 하타요가 자세는 피곤하지도 않고, 몸을 너무 과하게 움직이지 않아도 된다. 이 자세는 몸에 활기를 북돋우고, 근육을 풀어 주며, 정신적 스트레스를 없애고 집중하는 데 도움이 된다. 시작할 때는 적어도

5~10분 동안 스트레칭을 해서 명상 전에 몸을 준비한다.

3단계 : 몸의 긴장 풀기(relaxing)

　스트레칭이 끝나면 잠깐 쉬고 싶어질 것이다. 등을 마룻바닥이나 평평하게 펼친 깔개에 대고 편안히 눕는다. 누울 때 머리에는 낮은 베개를 놓도록 한다. 얇은 이불이나 천 또는 숄을 덮는 것이 좋다. 팔은 몸에서 약간 떨어뜨리고 손바닥이 위로 향하게 놓는다. 두 다리는 편안하게 느낄 만큼 벌린다. 몸 전체가 바닥에 고루 닿게 하고, 몸을 비틀거나 한쪽으로 쏠리지 않도록 한다. 머리는 몸의 정중앙에 놓고 어떤 쪽으로든 기울어지지 않게 해서 몸에 무리가 가지 않게 해야 한다. 이 휴식 자세는 꼼짝 않고 누워 몸의 힘을 완전히 뺀 아주 편안한 상태이기 때문에 시체자세라고도 부르는 샤와사나*shavasana*다. 눈은 가만히 감고 콧구멍을 통해 천천히 그리고 부드럽게 들이쉬고 내쉬는 자신의 '숨'을 의식할 때까지 몇 분 동안 가만히 누워 있는데, 이때 숨을 방해하는 것이 없어야 하고, 또 잠시라도 숨을 멈추어서는 안 된다.

　이 자세로 누워 잠시 긴장을 푸는 연습을 하면 몸 전체

근육이 서서히 움직이게 되고, 여러분은 주요 근육 하나하나에 주의를 기울이게 될 것이다. 이렇게 긴장을 푸는 연습은 10분 이내로 짧게 해야 한다. 많은 사람들이 이 연습 중에 잠에 빠져드는 경우가 있으므로 그 점을 경계해야 한다.

4단계 : 마음과 신경 가라앉히기

호흡은 많은 것에 변화를 가져온다. 정신의 고요함과 명료함에 영향을 끼치는 것만큼 육체의 긴장 정도에도 막대한 영향을 준다. 명상을 하기 전에 정면 주시, 집중, 그리고 평정을 찾는 데 도움이 되는 고요한 정신상태에 들어가려면 명상자세로 앉아서 특별한 요가 호흡 훈련을 한다. 이런 수행을 하는 동안 어떤 학생은 처음에는 견디기 힘들 수도 있지만 일단 이 수행을 하고 나면 호흡 수행을 통해서 명상이 깊어지는 것에 놀랄 것이다. 이렇게 수행하면 놀랍게도 감정의 균형이 잡히고 정신이 또렷해진다. 명상 중에 활기와 유익한 효과를 주는 몇 가지 호흡 훈련에 대해서 나중에 설명할 것이다.

5단계 : 앉아서 수행하기

 호흡 연습을 끝냈다면 명상할 준비가 다 된 것이다. 다음 장에서 소개될 여러 가지 명상자세를 하고 앉아서 마음으로 여러분만의 만트라를 따라가거나, 호흡과 특별한 방식으로 조화를 이루는 소리인 우주적인 만트라 소-함*so-ham* 소리를 마음속으로 발음한다. 숨을 내쉴 때 마음속으로 발음하는 함*ham* 소리를 듣고, 숨을 들이쉴 때 소*so* 소리를 듣는 것이다.

 숨을 점점 길고 부드럽게 늘려가고, 가만히 앉아서 마음을 만트라에 집중한다.

 고요한 마음으로 집중하면서 명상자세로 편안히 계속 앉아 있는다. 편안한 만큼 앉아 있든지 아니면 상황에 맞게 적절히 조절하면 된다. 명상을 끝내려면 먼저 자신의 호흡을 의식하고 이어서 몸을 의식한다. 그런 다음 컵 모양으로 오므린 손으로 가볍게 두 눈을 가리고 눈을 뜬 후에 양손을 내려놓는다. 이를 통해 내적 의식상태에서 외적 의식상태로 전환이 일어나는 것이다. 명상 중에 마음에 무슨 일이 일어났는지, 마음은 어떻게 작용했는지는 다음 장에서 자세하게 언급할 것이다. 앞에서 말한 수행 순서를 요약하면 다음과 같다.
- 첫째, 목욕 등으로 명상 준비
- 둘째, 스트레칭 운동이나 요가자세 하기
- 셋째, 긴장을 푸는 훈련
- 넷째, 호흡 수행
- 마지막으로 명상하기!

명상에 영향을 주는 다른 요소

요가심리학에서는 우리를 움직이게 하는 네 가지 주요 동인(動因)을 네 가지 '원초적 근원'(primitive fountains)으로 설명하고 있는데, 그것은 음식, 성행위, 수견, 자기보존 욕구다. 명상을 점차 향상시키려면 이 욕구를 슬기롭게 조절할 필요가 있다. 이 네 가지 욕구가 균형을 이루지 못하면 신체적, 정서적으로 바람직하지 못한 상태가 되어서 집중력과 명상 능력이 떨어지게 된다.

명상의 관점에서 볼 때 건강한 식단은 주로 조리과정이 길지 않고, 지나치게 많이 가공되지 않고, 기름기가 적고, 타지 않은 신선하고 간소한 음식으로 이루어진다. 그렇지 못한 음식은 소화에 문제가 생겨 명상에 방해가 될 것이다.

신선하고 간소하며, 영양이 풍부하고 소화도 잘 되는 자연식품이 가장 좋다.

음식 먹을 때의 분위기는 기분 좋고 즐거워야 한다. 현대 사회에서는 남편, 아내, 자녀 모두 밖에서 바쁜 하루를 보낸다. 그렇기 때문에 식사시간은 모두 모여서 그날 일을 함께 이야기할 수 있는 유일한 시간이므로 이 시간을 불쾌하고 불편하게 만들면 안 된다. 가족 모두 이 시간만큼은 불쾌한 대화를 해서는 안 된다는 것을 명심해야 한다. 예로부터 즐거운 마음이 가장 훌륭한 의사라고 했다. 건강을 지키는 이 중요한 비밀을 알게 되었으니 식사는 반드시 즐겁게 하기 바란다.

우리 신체의 기능과 이 기능의 결과를 이해하면 많은 질병과 신체적 문제는 예방이 가능하다. 즐거운 분위기에서 기분 좋게 식사를 하면 음식물 소화를 돕는 타액과 위액이 적당히 분비된다. 그러나 침울하거나 불쾌한 대화로 화가 난 채 식사를 하면 소화 장애를 겪을 수 있다.

음식은 잘 씹어 먹어야 한다. 맛을 음미하며 천천히 먹는 것이 가장 좋은 식사라 할 수 있다. 소화가 더 잘 되게 하려면 음식에 적당한 양의 수분이 있어야 한다. 신선한 과일이나 샐러드는 수분이 많아서 좋다.

과식은 많은 문제를 일으키기 때문에 반드시 피해야 한다. 식사 후에는 치아를 깨끗이 닦고, 소화기관이 쉬도록 하며, 성관계 혹은 취침하기 서너 시간 전에 먹어야 한다. 음식을 먹고 바로 잠자리에 드는 것은 건강을 해친다.

소화과정과 음식에 대한 몸의 반응은 명상에 큰 영향을 끼친다. 잘 차려진 정찬을 먹은 후 서너 시간 동안은 그 누구도 명상을 할 수 없을 것이다. 이런 이유 때문에 이른 아침이 명상하기에 좋은 시간이라고 하는 것이다. 전날 먹은 음식이 모두 소화되어서 몸이 가볍고 상쾌함을 느낄 수 있어야 한다. 저녁을 늦게 먹은 후에는 집중하거나 명상을 할 수 있을 때까지 한참을 기다려야 한다는 사실을 알게 될 것이다.

우리가 먹는 음식들이 각기 다른 결과를 가져오는 것은 분명하다. 야채나 과일, 그리고 곡류 등의 신선하고 가벼운 식사는 소화되는 데 시간이 얼마 안 걸리지만, 너무 기름진 음식은 소화에 시간이 많이 걸린다. 더 나아가 어떤 음식이 명상을 하는 동안 맑은 정신으로 편안하게 집중하는 데 도움이 되는지를 차츰 깨닫게 될 것이다. 그 반대로 음식은 또한 방해가 될 수도 있다. 어떤 음식은 여러분을 불안하고 초조하게 하며, 긴장감과 예민함을 느끼게 한다. 또 어떤 음식은 몸을 나른하고 생기 없게 만들고, 명상하는 동안 겨우 깨어 있을 정도로 몸을 무겁게 만든다. 음식에 대한 몸의 반응을 계속 관찰해 보면 특정한 음식이 여러분의 정신 상태에 어떻게 영향을 주는지를 점차 알게 될 것이다.

명상을 하기 위해 채식주의자가 될 필요는 없다. 사실 균형 잡힌 채식요법에 대해 잘 모르는 상태에서 먹는 음식을 갑자기 바꾸면 심각한 문제가 생길 수도 있다. 신선한 과일, 유제품, 그리고 잘 조리된 야채, 곡물, 콩 종류 등으로 이루어진 균형 잡힌 채식 식단은 명상에 도움이 되며, 특히 저지방이면 더 좋다. 만일 채식을 하고 싶으면 「채식주의로 가기」Transition to Vegetarianism(Rudolph Ballentine, The Himalayan International Institute, 1987)를 참고하라.

음식과 음료가 명상의 깊이에 미치는 영향은 대단히 크다. 명상 수행을 계속하면 입맛이(다른 것도 그렇지만) 보다 건강한 방향으로 점차 변할 것이고, 음식이 주는 미묘한 영향도 점점 더 잘 알아차릴 수 있게 된다. 커피나 차 등 카페인이 들어 있는 음료를 즐겨 마신 사람도 그것이 몸과 정신을 불안정하고 산만하게 만든다는 것을 알게 된다. 음식이 명상과 의식에 미치는 영향은 책 한 권에서 다루어도 될 만큼 중요하다.

자, 이제 몇몇 기본적인 사항을 정리해 보자.
- 명상은 반드시 식사 후 3~4시간 뒤에 한다.
- 우리가 무엇을 먹었는지, 또 그것이 명상에 어떻게 작용했는지 늘 의식하라.
- 신선하며 몸에 좋고, 소화하기 쉬운 음식을 먹어라. 이런 음식은 명상에 중요한 차분함과 맑은 정신을 향상시키는 데 도움이 될 것이다.

한 가지 덧붙인다면, 혹시 사용해 온 향정신성 약물이 있다면 이런 것들이 명상에 방해가 된다는 것을 곧 알아차릴 수 있을 것이다. 명상을 잘 이해하는 사람이라면 명상상태에 들어가기 위해 그런 약물을 사용하는 것이 도움이 된다고 생각하지 않을 것이다. 그런 약물은 약물의 작용으로 몸을 안절부절못하게 만들고 정신을 흐트러뜨리기 때문이다. 술도 몸을 나른하고 무겁게 만들며 정신을 흐리게 하므로 명상에 장애가 된다. 대부분의 사람들은 명상의 고요함

속에 점차 빠져들게 되면서 약물에 대한 유혹이 줄어드는 것을 느끼게 된다.

음식처럼 수면도 명상에 중요한 영향을 준다. 잠을 너무 적게 자면 졸려서 명상하는 동안 깨어 있기가 어렵다. 또한 너무 많이 자는 것도 무기력하게 힘이 빠지거나 집중하지 못하게 하므로 잠을 조금 자는 것과 마찬가지로 좋지 않다.

잠은 명상을 배우면서 실험해 보기에 정말 재미있고 흥미로운 과정이다. 일반적으로는 명상이 깊어질수록 잠이 줄어든다. 왜냐하면 명상은 몸과 마음을 아주 깊은 휴식상태에 들어가게 해 주기 때문이다.

우리의 명상 수행이 발전하고 그것이 우리에게 중요한 자리를 차지하게 되면, 상쾌하게 깨어 있을 때에 명상할 수 있는 방법을 더욱 알고 싶어질 것이다. 그리하여 명상이 우리 삶의 우선순위를 차지해서 음식, 잠, 그리고 다른 활동도 명상을 방해하지 않고 오히려 그것을 돕게 될 것이다.

제3장
명상을 위한 자세

　명상은 누구나 즐길 수 있는 간단한 기술이다. 앞서 이야기했듯이 명상은 그저 긴장을 풀고 안정된 자세로 조용히 편안하게 앉아 있는 것이다. 몸을 움직이지 않고 숨을 고르게 한 다음에 마음을 고요하게 하고 집중하는 것이다. 명상 진행의 이 세 가지 측면에 대해서는 좀 더 자세히 다룰 필요가 있다. 첫째로는 자세를 어떻게 취해야 편하고 고정된 자세로 오래 있을 수 있는지, 둘째는 숨을 고르게 쉬는 상태를 유지하는 것이 왜 중요한지, 셋째는 어떻게 마음을 고요하게 하고 한 가지에 집중해서 '명상' 자체가 일어나게 하는지이다. 이 세 단계는 의식을 가장 외적인 육체

단계로부터 가장 섬세한 내면으로 이끌어 간다.

명상을 위해 앉는 자세

좋은 명상자세는 흔들림 없이 안정되게 긴장을 풀고 편안히 있는 것이다. 몸을 움직이거나 흔들고, 들썩거리거나 꼼지락거리면 명상에 방해가 될 것이다.

어떤 사람들은 명상이란 반드시 어려운 자세, 즉 '연꽃자세'(Lotus pose)라고 부르는, 책상다리를 하고 앉아서 하는 것으로 알고 있는데, 다행히도 이 생각은 맞는 것이 아니다. 좋은 명상자세를 위해서는 한 가지 꼭 지켜야 할 것이 있는데, 그것은 머리와 목과 몸통을 일직선으로 유지하며 자유롭게 가로막으로 호흡하는 것이다.

머리·목·몸통의 자세

모든 명상자세에서 머리와 목은 반드시 중앙에 놓여서 목이 비틀리거나 한쪽으로 기울어지지 않게 해야 하고, 머리가 앞으로 쏠리지 않도록 해야 한다. 머리는 목이 지탱하고, 양어깨와 직각이 되게 유지하되, 목과 어깨에 땅기는 느낌이나 긴장감이 없어야 한다.[그림 1]

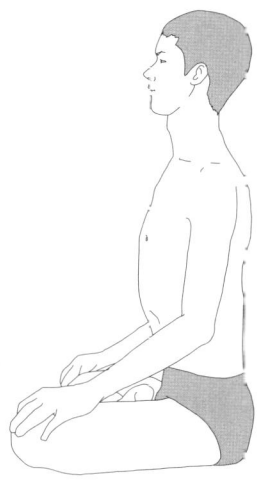

[그림 1]

눈은 가만히 감고 얼굴은 앞을 향하게 한다. 이때 눈을 꽉 감거나 눈에 힘을 주어서는 안 된다. 어떤 사람은 이마의 한 지점을 응시하듯이 눈을 치켜뜨라고 하는데, 이것은 눈 주위 근육을 긴장시킬 뿐 아니라 두통을 유발하기도 한다. 요가 수행법에 특별히 응시하는 자세가 있지만 명상 중에는 그것을 하지 않는다. 그저 모든 얼굴 근육을 편안하게 하고 긴장을 푼다. 입을 다물고 턱에 힘을 뺀 채 호흡은 코를 통해 이루어지도록 한다.

모든 명상자세에서 어깨와 팔의 긴장을 풀고 손은

무릎 위에 가만히 올려놓도록 한다. 팔은 긴장을 완전히 풀어서 다른 사람이 팔을 들어올렸을 때 축 늘어질 정도가 되어야 한다. 그러고는 '손가락 잠금'(finger lock)[그림 2]이라 불리는 자

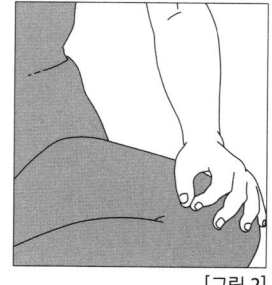

[그림 2]

세처럼 엄지와 검지를 자연스레 붙인다. 이 '무드라'*mudra* 동작은 상징적으로 내재된 에너지를 다시 순환시키는 작은 회로 같은 '원'을 만드는 것이다.

앉은 자세(Sitting Position for Meditation)

척추를 똑바르게 하고, 다리를 꼬거나 아무런 불편함 없이 편안하게 앉아 있는 자세는 많다. 사실 명상에서 팔과 다리를 어떻게 하는지는 그리 중요하지 않다. 중요한 것은 척추를 똑바르게 하는 것이다. 이렇게 하는 가장 쉬운 방법은 '우정자세'(Friendship pose)라 부르는 '마이트리 아사나'*maitri asana*를 취하는 것이다.[그림 3]

'우정자세'는 의자나 벤치에 편안히 앉아서 발은 바닥에 붙이고 양손을 무릎에 가볍게 올려놓는 자세다. 이 자세는

누구나 할 수 있고, 유연성이 없거나 바닥에 앉는 것이 불편한 사람도 할 수 있는 것으로, 신체에 전혀 부담을 주지 않고 명상 수행을 할 수 있게 한다.

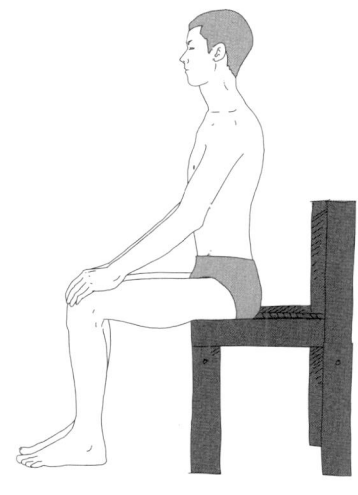

[그림 3] 우정자세

편한자세(Easy pose : 수카사나 *sukhasana*)

몸이 어느 정도 유연하다면 '우정자세' 대신 '편한자세'라 부르기도 하는 '수카사나' *sukhasana*를 시작해 보고 싶을 수도 있다.[그림 4]

'편한자세'는 다리를 겹쳐 책상다리로 앉는 것이다. 그림에서 보듯이 발은 바닥에 대는데, 이때 왼쪽 발은 오른쪽 무릎 아래에 두고, 오른쪽 발은 왼쪽 무릎 아래에 둔다. 발과 발목이 너무 많이 눌리지 않도록 두꺼운 담요를 깔고 앉도록 한다.

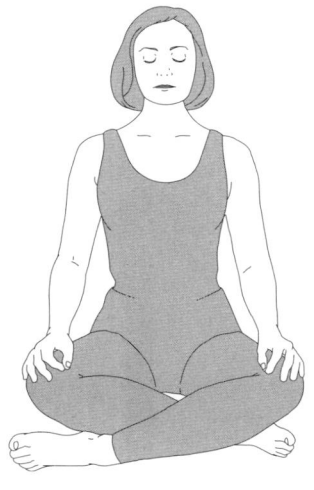

[그림 4] 편한자세

다리가 잘 구부러지지 않거나 허벅지 근육이 땅긴다면 무릎이 바닥에서 많이 떨어져 있기 때문일 것이므로 쿠션이나 접은 담요를 엉덩이 밑에 깔고 앉으면 도움이 될 것이다. 준비운동으로 스트레칭을 간단히 하는 것도 유연성을 더하는 데에 효과가 있으므로 이 자세로 앉아 있는 것이 좀 더 편해질 것이다. 어떤 자세를 선택하든지 그 자세로 규칙적으로 해야 한다. 자주 새로운 자세를 시도하는 것은 삼가야 한다. 한 가지 앉은 자세로 규칙적인 수행을 한다면 시간이 지나면서 그 자세는 편안해지고 안정적이 될 것이다.

행운자세(Auspicious pose : 스와스티카사나 swastikasana)

'행운자세'(스와스티카사나 swastikasana, 그림 5)로 편히 앉아 있을 수 있는 사람에게는 몇 가지 이점이 있다. 다리가 충분히 유연하다면 더 긴 시간 동안 명상하는 데 이 자세가 '편한자세'(수카사나)보다 더 편한 것을 알 수 있을 것이다. 이 자세는 앉은 상태에서 몸이 바닥에 닿아 있는 부분이 다른 자세들보다 더 넓기 때문에 체중이 더 고르게 바닥에 실리므로 좀 더 안정적으로 해 주어서 몸이 흔들리거나 꼼지락거리지 않게 한다.

그림에서 보듯이 '행운자세'에서는 무릎을 발 위에 두지 않고 바닥에 직접 닿게 한다. 어떤 학생은 이 자세를 할 때 발목뼈에 압박을 덜 받기도 한다. '행운자세'를 하려면 먼저 명상을 위해 준비한 자리에 편안하게 앉은 다음 왼쪽

[그림 5] 행운자세

무릎을 구부려서 왼발을 오른쪽 허벅지 옆에 나란히 댄다. 왼발의 발바닥은 반드시 오른쪽 허벅지 안쪽에 평평하게 대어야 한다. 그 다음에 오른쪽 무릎을 접어서 오른발을 왼쪽 장딴지 위에 놓는다. 오른발의 등을 왼쪽 허벅지와 왼쪽 장딴지 뒷부분 사이에 자연스레 두고 발가락은 그 사이에 끼워 넣는다. 마지막으로 손으로 왼발의 발가락들을 오른쪽 허벅지와 장딴지 사이에 엄지발가락이 보일 만큼만 당겨 올린다. 이렇게 하면 명상에 크게 도움이 되는 대칭적이고도 안정된 자세를 취하게 되는 것이다. 설명이 좀 복잡하게 들릴 수도 있겠지만 지시대로 잘 따라서 하면 어렵지 않을 것이다.

주의 사항

어떤 초보학생에게는 '행운자세'가 처음에는 편하지 않을 수도 있다. 그것은 다리가 유연하지 않기 때문이다. 여러분이 신체 어느 부분이 저리지 않고 지속 동요 없이 앉아 있을 수 있다면 책상다리를 하는 어떤 자세로 앉아 있어도 된다. 혹은 앞에서 말한 '우정자세'로 시작해도 된다. 머리와 목 그리고 상체를 똑바로 해서 척추를 곧게 하는 것이 다리로 어떤 특정 자세를 취하는 것보다 더 중요하다. 이것은 몇 번을 반복하고 강조할 만큼 중요한 것이다.

어떤 학생은 적절한 준비도 없이 높은 단계의 자세를 흉내 내려고 한다. 그러다 보면 어깨가 활처럼 휘고 척추가 구부정해져서 정확하지 않은 자세로 앉아 있게 될지도 모른다. 이것은 몸을 불편하게 하고 호흡을 방해하기 때문에 명상 발전을 저해하는 나쁜 습관이라 할 수 있다. 또한 좀 더 깊은 명상에 있어서 점점 더 중요한 위치를 차지하게 될 몸 안의 섬세한 에너지 채널을 방해할 것이다.

현대인들은 어린 시절부터 걷거나 앉아 있는 습관이 나쁘게 길들여져 있어서 자세가 볼품없어지는 경향이 있다. 이로 인해 척추를 둘러싼 근육들이 잘 발달하지 못해서 나이가 들면서 척추가 휘고 몸이 비뚤어지게 된다. 앉은 자세로 명상을 처음 시작할 때 몇 분이 지나면 앞으로 쓰러질 것 같은 느낌을 받는 것은 등근육이 약하기 때문이다.

사실 이 문제는 하루 종일 앉아 있거나 서 있거나 혹은 걸어다닐 때 자세에 신경을 쓴다면 더 빨리 해결될 것이다. 몸이 구부정해지는 것을 느낄 때에는 반드시 자세를 똑바로 하라. 이렇게 하면 등근육이 제 기능을 올바로 하기 시작할 것이다. 특정한 하타요가 자세들(코브라자세, 보트자세, 활자세, 아기자세)은 등근육을 강화시켜서 척추를 튼튼히 지탱하는 데 도움이 될 것이다.

자세가 좋지 못한 어떤 학생은 몸을 벽에 기대고 명상을 해도 되는지 묻기도 한다. 초보단계에서는 자세를 똑바로 하기 위해 그렇게 해도 되지만, 외부 도움에 계속 의지하는 것은 좋지 않다. 처음부터 주의하여 정확하게 자세를 취하는 것이 가장 좋은 방법이다. 친구에게 여러분의 자세가 올바른지 봐달라고 부탁하든지 거울로 옆모습을 보면서 스스로 확인하라. 척추가 똑바르게 되어 있다면 손을 어깨 너머로 올려 등을 만졌을 때 척추의 튀어나온 마디가 만져지지 않을 것이다.

다른 명상자세

명상에 적합한 다른 자세가 더 있다. 몇 가지만 간단하게 알아보도록 한다.

번개자세(Thunderbolt pose : 와즈라사나 *vajrasana* 또는 좌선자세 Zen sitting position)

엉덩관절(고관절)이나 무릎에 문제가 있는 사람은 책상다리로 앉아 있기가 불편할지도 모른다. 어쩌면 그들은 '번개자세'라고 알려진 자세, 즉 무릎을 꿇고 앉는 자세를 해야 한다고 들은 적이 있을 것이다.

그런데 불행하게도 이렇게 무릎을 꿇은 자세로 맨바닥에 앉아 있으면 발이나 발목이 너무 눌려서 근육이나 신경에 문제가 생길 수도 있다. 이 자세가 좋다면 시중에서 구입할 수 있는 나두로 만든 '선(禪, Zen) 의자'를 사용하면 좋다.[그림 6] 그러면 의자나 벤치에 앉는 것같이 앉을 수 있고

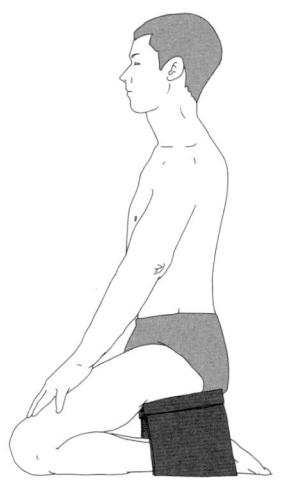

[그림 6] 번개자세

발목이나 발에 체중을 덜 느끼게 된다. 이 자세에는 단점도 있는데, 명상을 오래 하기에는 덜 안정적이고, 또 몸이 흔들리거나 옆으로 기울어질 수 있다는 점이다. 하지만 신체적인 문제가 있는 학생에게는 이 자세가 가장 좋은 선택이 될 수도 있다.

성취자세(Accomplished pose : 싯다사나 *Siddhasana*)

　전통적으로 '성취자세'('달인좌'라고도 부른다)는 일반적인 자세로 권장하지 않고 상급단계 학생에게만 전수되어 왔다.

[그림 7] 이 자세는 '연꽃자세'[그림 8]처럼 정확하고 똑바로 자세를 취할 수 있어야 한다. 편안하게 자세를 취했으나 그것이 완벽한 자세가 아니라면 효험을 볼 수 없을 뿐만 아니라 문제가 생길 수도 있다. 이 '성취자세'는 초보자나 세속에서 살고자 하는 사람에게는 한 번도 권장된 적이 없다.

[그림 7] 성취자세

하지만 숙련된 사람이나 깊은 명상을 하는 사람은 이 자세로 앉아 있는 법을 단계적으로 배워야 한다. 특별히 사마디를 얻고자 마음먹은 사람은 명상하는 동안 이 자세를

명상을 위한 자세

수행해야 한다. 상급 명상단계에 있는 학생은 목적을 달성하기 위해서 '성취자세'로 앉아 있는 습관을 들일 필요가 있다. 상급단계 학생이 한 번에 세 시간 넘게 아무런 통증 없이 이 자세로 앉아 있을 수 있게 될 때에는 성취된 자세(asana siddhi)를 습득한 것이다. 그러나 준비가 안 된 초보자들은 불편함을 느끼게 되는 자세를 취하지 않아도 된다. 충분히 준비되지 않은 자세를 하려고 애쓰다가는 근육이나 인대가 늘어나는 부상을 당할 수도 있다.

'성취자세'를 하려면 항문 괄약근을 오므린 후에 왼쪽 발뒤꿈치를 회음부, 즉 항문과 생식기의 중간 부분에 대고 오른쪽 발뒤꿈치를 생식기 위쪽 두덩뼈(치골)에 대어 양 발목이 서로 나란하게 되도록(서로 닿도록) 발과 다리를 잘 정돈한다. 그러고 나서 오른쪽 엄지발가락이 보이도록 해서 왼쪽 허벅지와 장딴지 사이에 두고, 왼쪽 발가락을 오른쪽 허벅지와 장딴지 사이에 두고 엄지발가락만 보이도록 살며시 당긴다. 두 손은 무릎에 둔다.

다시 말하지만 우리는 직접적인 개인 지도하에 배우는 사람을 제외하고는 이 자세를 권하지 않는다. 정확하게 하지 않을 경우 학생에게 문제가 생길 수도 있기 때문이다.

전통적으로 이 자세는 승려가 되고자 하는 남자에게만 가르쳤다. 하지만 남자만 이 자세로 앉아 명상할 수 있다는 생각은 잘못된 것이다. 여성 명상가나 스녀도 이 자세로 수행한다.*

연꽃자세(Lotus pose : 파드마사나 *padmasana*)

'성취자세'처럼 '연꽃자세'도 정확하게 하지 않으면 아무런 효과를 못 크기 때문에 명상을 위해서는 별로 권하지 않

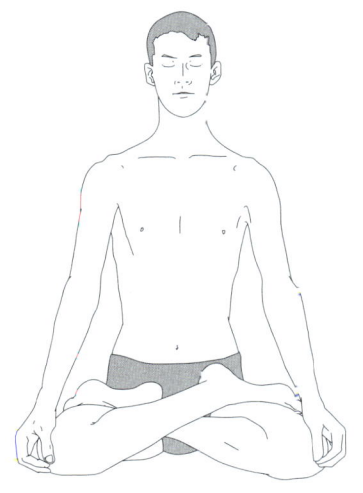

[그림 8] 연꽃자세

---

* 역자주: 이 자세는 남자 사이클 선수의 경우처럼 불김의 문제가 있을 수 있다.

는다.[그림 8] 이 자세를 완벽하게 취하고 편안하게 앉아 있을 수 있는 사람은 별로 없다. 왜냐하면 이 자세를 하고 있는 동안에 해야 하는 반다(bandha, lock)라 불리는 중요한 수행법을 하기가 어렵기 때문이다.

흔히 '연꽃자세'가 요가와 밀접하게 연관되어 있다고 생각하지만 실은 요가의 고수와 명상가들은 '성취자세'만 주로 한다. 진흙탕 속에 뿌리를 내리고 수면 위에 그 절묘한 꽃봉오리를 띄우는 연꽃은, 세상 속에 살면서도 그 영향을 받지 않는 요가 수행자의 삶을 상징한다.

최근 들어서 '연꽃자세'는 실제 명상을 위해 사용되기보다는 몸을 좀 더 유연하고 부드럽게 하기 위한 운동으로 많이 가르쳤다. 왜냐하면 대부분의 학생에게는 집중을 한 채로 이 자세로 앉아 있기가 너무 어렵기 때문이다. 통증이나 불편함은 대부분의 학생이 명상상태에 도달하는 것을 방해하기 때문에 우리는 학생에게 이 자세보다는 안정되고 편안한 다른 자세로 앉아 있을 것을 권한다.

요약하자면 앞에서 먼저 설명한 세 가지 자세(우정자세, 편한자세, 행운자세) 중 하나를 수행하면 대부분의 학생은 분명히 발전할 것이다. 한 가지 자세를 열심히 수행하고 명상을 위해 그것을 규칙적으로 하라. 이렇게 하면 그 자세가 점점 더 편안하고 안정되며 흔들림 없이 느껴질 것이다.

좀 더 편안한 앉은 자세를 위한 제안

접은 담요를 바닥에 넓게 깔고 앉는 것이 편하다는 것을 알게 될 터인데, 이때 엉덩이 밑에 8~10cm 두께로 방석이나 베개를 깔고 앉는다. 이런 식으로 엉덩이를 높여 주면 엉덩관절(고관절)과 무릎에 가해지는 압박을 줄일 수 있다. 이 방법을 쓰면 놀라운 차이점을 발견할 것이다. 엉덩이 밑에 두꺼운 방석을 깔고 앉으면 척추를 똑바로 하는 것이 더 쉬워진다. 명상하는 자리는 너무 딱딱하거나 흔들려서는 안 되고 안정되어야 한다. 또한 너무 높아서 몸자세가 흐트러져서도 안 된다.

몸이 좀 더 유연해지고 편안해질수록 더 얇은 방석을 이용하게 되고 나중에는 평평한 맨바닥에도 앉아 있을 수 있게 된다. 중요한 것은 척추가 휘지 않도록 똑바르게 하는 것인데, 등이 휘면 자세가 방해를 받기 때문이다. 처음에는 두꺼운 방석 없이 등을 똑바르게 유지하는 것이 어려울 수도 있다. 하지만 앉은 자세를 발전시키기 위해서는 인내심을 가져야 한다. 그렇게 하다 보면 몸이 점점 더 부드러워지고, 결국 오래 앉아 있어도 자세가 불편하지 않은 것을 느끼게 될 것이다.

스트레칭 운동과 하타요가 자세는 명상을 할 때 몸을 더 유연하고 편하게 하는 데 도움이 될 것이다. 하타요가에 대한 자세한 정보는 「요가 첫걸음」(샌드라 앤더슨과 롤프 소빅 공저, 조옥경과 김채희 공역, 학지사, 2006)에 실려 있다.

누워서 명상을 하는 것은 권하지 않는다. 누운 자세로 있으면 대부분 잠들어 버리거나 맑은 정신을 유지하기 어렵기 때문이다. 졸거나 잠들면 명상을 할 수 없는 게 당연하다.

더 깊은 명상 단계에서는 척추를 곧게 펴고 앉는 것이 매우 중요한데, 여기에는 오묘한 이유가 있다. 이렇게 앉음으로써 특정 형태의 미세한 에너지가 몸을 통과해 위로 올라가기 때문이다. 이 흥미로운 주제는 「불과 빛의 길」Path of Fire and Light(Swami Rama, The Himalayan Institute Press, 1988)과 같은 상급단계 책에서 자세히 다루고 있다.

제4장
명상 · 마음 · 만트라

    일단 우리가 명상자세를 알고 나면 마음은 무엇을 해야 하는지, 명상을 시작한다는 것은 정확하게 무엇을 하는 것인지에 대해 궁금해질 것이다. 특별한 생각을 해야만 하는 것인지, 마음을 완전히 비워야 하는 것인지, 아니면 마음이 떠돌도록 내버려 두어 연상된 생각들이 마음으로 흘러들어 가도록 해도 되는 것인지에 대해 궁금해한다. 하지만 명상은 이런 것과는 아무런 연관이 없다.

    앞에서 언급했듯이 생각하는 것은 명상하는 것과는 다른 과정이다. '평화'와 같이 영감을 주는 이념에 대해 묵상하는 것조차도 명상과는 다른 진행과정이다. 명상을 하면서 마음에 어떤 변화가 일어나게 하려고 애쓰는 것은 별로 도움이 되지 않는다. 그런 의도적 시도를 거부하려는 마음이 생겨서 오히려 실망하게 될 것이다. 명상에서 어떤 특별한 상태에 도달하려는 욕구는 아무런 도움이 안 된다. 자신이 기대하는 그런 명상을 해야 한다는 부담을 갖지 않는 것이 좋다. 자기 자신과 싸우거나 억지로 명상을 하려고 애쓰지 않을수록 더 편안해지고 고요한 상태에 도달할 수 있게 된다. 명상에서 진보란 바로 그런 것을 뜻한다.

마찬가지로 마음을 비우려고 애쓰는 것도 아무런 의미가 없다. 마음은 그 본질을 살펴보면 바뀌기도 하고, 끊임없이 기억해 내고, 연상하고, 새로운 정보를 받아들이기 때문이다. 사실 마음이 어느 정도나마 고요해지는 때는 꿈을 꾸지 않는 깊은 잠에 빠질 때밖에 없다. 그렇지 않은 시간에 마음은 닻 없이 바다를 표류하는 돛단배와 같다. 마음이 이렇게 진행되기 때문에 많은 명상 전통은 마음을 어떤 대상에 집중시키거나 다른 자극을 사용해서 마음을 고요하게 하고 집중시키려고 애써 왔다. 이와 같이 그 목적은 마음을 비우는 데 있는 것이 아니라 마음을 한 가지에 집중하게 해서 고요하게 만드는 데 있다. 많은 명상 전통에서는 마음이 집중할 만한 하나의 낱말이나 구절, 소리 혹은 상징 등을 사용해 왔다. 우리 전통에서는 마음이 집중할 수 있는 대상으로 낱말, 소리 혹은 몇 마디 말, 즉 만트라mantra를 강조하는 반면, 다른 전통의 명상 훈련법은 시각적 상징을 선호하기도 한다.

집중력은 명상에 아주 중요한 필수 조건이다. 우리가 '집중'이란 말을 쓸 때 그것은 주의 깊게 생각하거나 조금 부담을 느끼며 분석하기 위해 애쓰는 것을 의미하기도 한다. 그러나 우리가 여기서 사용하는 '집중'이란 말은 애쓰는 것이나 긴장, 혹은 정신적인 압박을 뜻하는 것이 아니라 단순히 '주의를 집중하는 것'을 의미할 뿐이다. 이것은 산만하고 엉클어진 마음과 반대되는 마음상태를 뜻한다. 집중은 깨어 있지만 긴장이 완전히 풀린 상태, 주의가 집중된 상태를 뜻한다. 우리가 느긋하고 편안한 상태라면 이런 '주의 집중' 정도는 어렵지 않을 것이다. 집중하지 못할 때는 마음의 흐름을 선택할 능력이 약해졌다는 것을 뜻한다. 수많은 요가 기술은 집중력을 발전시키는 데 도움이 된다. 이런 기술에 대해서는 이 책 뒷부분에서 더 자세히 말할 것이다. 지금 우리에게는 집중력이 명상을 위해서 꼭 필요한 준비라는 점을 이해하는 것이 중요하다.

많은 명상 전통들은 만트라를 사용한다. 우리가 앞에서 밝혔듯이 아멘Amen, 샬롬Shalom, 그리고 옴Om과 같은 말들은 모두 만트라다. 히말라야 전통에서 만트라는 입으로 크게 말하거나 귀로 들을 수 있는 성질의 것이 아니고 내면으로부터 나오는 것을 마음으로 듣는 것이다. 만트라학(學)은 독특한 수행을 연구하는 분야로서 요가 전통에서는 이 소리를 경망스럽게 하거나 사소하게 사용하지 않는다. 만트라는 고유한 성질과 효과를 갖고 있는 특별한 소리다. 말이라고 다 만트라가 될 수는 없다.

진동하는 소리 자체에는 아무런 문자적 의미가 없다. 다만 그것은 진동으로만 알 수 있을 뿐이다. 그 소리가 물질에 영향을 줄 때 이러한 소리의 진동은 형태를 만들고, 그 형태는 이름을 갖게 된다. 사실 모든 형태와 이름은 순수한 소리의 진동으로부터 파생된 것이다. 소리 없이 진동하는 특별한 소리가 있는데, 이것은 인류 전체에 매우 효력이 크고 강력한 영향을 미친다. 명상에 자신의 삶을 다 바친 고대의 현자들은 요즘에 만트라로 사용되는 이 내면의 소리를 들었다. 이 특별한 소리는 구도자 개개인에게 각기 다른 영향을 준다. 스승에게서 정식으로 만트라를 받는 것은 의사에게 정식으로 진료를 받은 후에 처방전을 받는 것과 같다.

만트라로 쓰이는 소리나 음절 혹은 낱말은 많은데, 이것들은 각 개인의 수준에 따라 다른 효력을 지닌다. 이러한 만트라의 효과는 명상가의 내면에서 생겨난 내적인 느낌을 통해 전달된다. 이 느낌은 만트라를 문자 그대로 번역해서 얻어지는 것이 아니라 소리 자체의 순수 진동으로부터 느끼는 것이다. 그리하여 구도자는 스승으로부터 받은 만트라를 자신의 삶의 일부가 되게 한다.

많은 학생들은 만트라를 호흡에 맞추려고 애쓴다. 하지만 모든 만트라가 다 호흡과 맞춰지는 것은 아니다. 만트라에 호흡을 맞추다 보면 경련이 일어나거나 폐기능을 해칠 수도 있는 호흡리듬이 일어나서 결국 심장과 뇌를 다치게 되는 만트라도 몇 가지 있다. 그러므로 모든 만트라를 호흡과 맞추려고 하지 말기 바란다. 호흡과 함께 쓰는 만트라에는 소-함*so-haːn*, 옴*Om*, 옴카르*Omkar* 등이 있지만 다른 만트라는 호흡에 맞추어 사용하면 안 된다.

만트라는 반드시 경험이 풍부하고 자격을 갖춘 스승으로부터 받아야 한다. 책에 있는 만트라를 사용하는 것은 전혀 도움이 되지 않는다. 특정한 만트라를 사용하는 방법은 스승이 학생에게 직접 부여해야만 한다. 정통으로 인정된 전통에서 정식 훈련을 받은 선생만이 특정한 만트라를 바르게 쓰는 법과 전달하는 법을 알기 때문이다. 만약 가르치는 사람이 제대로 자격을 갖추지 못했다면 학생에게 만트라에 대한 바른 이해를 전달하지 못할 것이고, 수행에는 아무런 효과가 없을 것이다. 궁극적으로 만트라는 매우 강력한 도구로서 함축된 기도라고 할 수 있다. 언제나 기도하는 사람은 늘 깨어 있게 되고, 의식이 항상 깨어 있으면 진아(眞我)를 실현(self-realization)하게 된다.

요즘 세상에서 만트라학(學)을 이해하기란 어렵다. 왜냐하면 우리는 아무런 의미 없는 소리가 아닌 말에만 진실이나 가치가 담겨 있다고 믿게 되었기 때문이다. 만트라는 더 깊은 차원에서 작용한다. 만트라는 문자적 의미가 아닌 진동과 소리의 특성으로 영향을 주기 때문이다. 의미가 있다는 것은 언어의 속성이다. 명상의 목적은 만트라의 의미를 다루거나 마음을 분석하는 데에 있지 않고 더 깊은 차원의 마음을 경험하는 데에 있다. 명상과 만트라학은 매우 흥미로운 것이어서 관심 있는 독자라면 명상할 때 만트라를 사용하는 것에 대해 더 깊이 공부하고 싶어 할 수도 있다. 그렇다면 「만트라의 힘과 수행의 신비」The Power of Mantra and the Mystery of Initiation(Pandit Rajmani Tigunait, 대원출판사, 2000)를 보라.

모든 소리는 각각의 특성을 지닌다. 어떤 것은 마음을 진정시키고 어떤 것은 힘을 북돋워 주기도 한다. 우리가 만트라고 부르는 소리의 목적은 우리의 마음을 집중시켜서 생각단으로 할 수 없는 더 깊은 경험을 할 수 있도록 하는 데에 있다.

수많은 전통에서 만트라를 사용하는데, 우리 전통에서는 만트라를 사용할 때 처음에는 자연적이고 우주적인 소리인 소-함so-ham의 사용을 권한다. 이것은 어떤 학생이나 다 수행할 수 있는 만트라다. 소-함은 특별한 방식으로 사용된다. 명상을 하기 위해 고요히 앉았다면 숨을 고르게 하고 진정시켜라. 숨을 천천히 부드럽게 그리고 규칙적으로 쉬어라. 그리고 마음으로 하여금 스-함 소리를 듣도록 하라. 먼저 더 부드러운 소리 소so를 숨을 들이쉬면서 듣고, 함ham은 숨을 내쉬면서 들어라. 그저 가만히 앉아서 숨을 들이쉬고 내쉴 때마다 소리가 반복되도록 하고, 호흡의 흐름을 잔잔하게 만들어라.

    여기에서 주의해야 할 것이 몇 가지 있다. 첫째, 만트라는 마음으로만 듣는 것이다. 만트라는 입과 성대로 소리를 내는 것이 아니다. 만트라가 계속 반복되도록 하다 보면 마음이 덜 산만해지는 것을 알아차릴 것이다. 우리가 보통 깨어 있을 때 정신의 활동은 주로 이어지는 연상작용이나 생각과 느낌이 포함된다. 이 가운데 어떤 것은 우리 마음속에 그냥 떠오르는 반면 일부는 의도적이거나 어떤 목표를 갖고 있다. 우리가 명상 중에 이 정신적 소음을 가라앉히려고 할 때 마음을 소-함 소리에 계속 집중한다. 이때 다른 생각이 떠오르기도 하고 다른 관심사로 의식이 옮아가기도 할 것이다. 이런 현상이 일어나면 정신 속에서 일어나는 연상작용들을 아무런 판단도 하지 말고 그저 '지켜보기'만 하라. 그러고 나서 아주 자연스럽게 여러분의 의식을 소-함으로 되돌려 놓아라.

    이러한 과정에서 정신적인 싸움이 일어나지 않게 하는 것이 매우 중요하다. 생각이 머릿속에 떠오를 때 그것을 지켜보기만 하고 마음은 소-함 소리로 되돌려 놓아라. 이렇게 하면 명상이 깊어진다. 마음속에서 벌어지는 논쟁에 끼어든다거나, 마음이 산만해진 것에 대해 자신을 나무라거나 화를 내는 것은 전혀 도움이 안 된다. 이러한 감정적 반응은 더 많은 에너지를 소모할 뿐이다. 생각은 계속 떠오를 것이지만, 만약 여러분이 내적인 갈등을 일으키지 않고 그것을 중간자적인 입장에서 그저 지켜보기만 하면 대부분의 생각은 사라질 것이다.

이렇게 바라보기만 하는 것은 생각이 떠오르는 것을 억누르거나 참는 것과는 아주 다르다. 왜냐하면 의식에서 떠오르는 어떤 특정한 생각을 계속해서 품으려 하지 않기 때문이다. 그러나 생각이 밀려들면 그런 생각에 깊이 빠지거나 생각을 중독시키지 말고 그저 생각이 떠오른 것을 의식하기단 하라.

모든 만트라가 호흡과 맞춰지지는 않는다는 중요한 사실을 기억할 듯요가 있다. 여러분은 호흡을 안정적으로 가다듬으려고 할 터인데 그 생각마저 지나가게 한다. 숨 쉬는 과정 그 자체에 주의를 집중하는 것이 여러분의 목표는 아니다. 대부분의 만트라는 들숨·날숨의 리듬에 잘 맞지 않을 것이다. 만약 여러분이 만트라를 호흡의 흐름에 맞추려고 하면 스스로 산만해질 뿐 아니라 호흡도 방해를 받을 것이다. 그러나 소-함*so-ham* 명상은 거의 모든 사람들이 효과적으로 사용할 수 있는 수행법이다.

명상이 발전함에 따라 자격을 갖춘 스승으로부터 자신만의 만트라를 받아서 만트라 수행을 더 넓히는 것도 역시 중요하다. 이 수행은 반드시 자격을 갖춘 스승에게서 직접 개인적으로 지도를 받아야 한다. 만트라 수행은 책을 보고 혼자해서는 절대로 안 된다. 만트라가 아주 큰 힘을 갖고 있기는 하지만 효과를 얻기 위해서는 학생 개개인의 단계에 맞는 수행법을 행해야 한다. 이것은 이 기술을 전수하도록 훈련받은 자격을 갖춘 스승이 결정한다.

다른 모든 만트라처럼 소-함 만트라는 소리 효과로 우리에게 영향을 준다. 소-함을 문자 그대로 번역한다면 "나는 그것이다" 《나의 내적 자아(I)는 우주적인 의식(That)과 결합되어 있다(am)》가 될 것이다. 하지만 만트라가 갖고 있는 영향력은 그 말뜻에 있지 않다. 그것은 마음을 고요하게 해 주고, 나아가서 그 소리 너머로 마음을 이끌어 내적인 고요함을 경험하게 해 주는 소리의 영향인 것이다.

어떤 종교를 믿는 학생은 그의 만트라가 다른 전통에서 왔다고 여기고 걱정하기도 한다. 앞에서 말했듯이 만트라는 많은 전통에서 사용하고 있는 기술이지 만트라 자체가 종교적 의식은 아니다. 진정한 스승이라면 여러분의 마음에 갈등이나 저항을 일으키지 않는 수행을 발전시킬 수 있게 해 줄 것이다. 소-함은 어떤 종교에도 속해 있지 않다. 그것은 마음을 고요하게 하고 집중하게 해 주는 순수한 음향기술일 뿐이다.

처음에 여러분이 명상을 하며 앉아 있을 수 있는 시간이 겨우 몇 분밖에 안 될 때, 마음이 좀 산만해지고 시끄러워지는 것을 알 수 있을 것이다. 하지만 먹는 음식과 호흡의 과정, 그리고 여러분이 받아들이는 정신적인 변화에 주의를 기울이면서 정신적, 육체적 고요함을 더해 간다면, 정신적인 소음과 산만함이 사라지는 것을 알아차릴 수 있을 것이다. 명상 시간을 점점 늘려갈수록 정신은 차분하게 가라앉고, 명상이 발전함에 따라 점점 더 고요해지는 것도 알게 될 것이다. 차분한 마음과 호흡 과정의 관계에 대해서는 호흡에 관한 것을 다룰 때 특별히 언급할 것이다.

요약하자면, 명상기술은 아주 간단하다. 조용히 앉아서 숨을 고르게 하고, 마음을 가라앉혀서 고요하게 하라. 내면으로부터 떠오르는 만트라에 정신을 집중하고, 마음이 산만하게 흩어질 때마다 다시 만트라로 돌아오도록 하라. 말로 설명하기는 쉽지만 이렇게 하기가 쉽지 않다는 것을 알게 될 것이다. 왜냐하면 마음은 아주 빠른 속도로 움직이고 있을 뿐 아니라 그 속에서 생기는 여러 가지 잡다한 생각들을 계속 놓지 않으려고 하기 때문이다. 명상 수행을 시작해 봐야만 우리 머릿속이 얼마나 소란스러운지 알게 된다. 이 소란스러움이 스스로 잠잠해지도록 하는 것이 우리의 목적인데, 정신적 불안이나 갈등을 일으키는 것들을 흘러가도록 내버려 둠으로써 소란을 어느 정도 가라앉힐 수 있다.

명상에 있어서 진보라는 주제는 많은 사람들에게 중요한 질문이다. 우리는 어떤 행동이 향상되었다고 할 때 대부분 밖으로 나타나는 겉모습만 보고 판단한다. 그리고 그 행동을 더 빨리 더 오래 더 잘할 수 있다는 것을 알게 된다. 그러나 명상은 그런 것과 달라서 오래 앉아 있다고 해서 의미 있게 향상된다고 볼 수 없다. 어떤 때는 우리 마음이 여기저기 흩어지고 흔들리고 평화롭지 못한 채로 오래 앉아 있기도 하기 때문이다.

명상이 향상되었는지 파악하기에는 그것이 불확실하고

불안정하기 때문에, 어떤 사람은 명상에 대해 대단히 잘못된 생각을 갖는다. 이런 사람은 명상이 제대로 발전하고 있다면 환상이나 빛, 혹은 색깔 있는 무언가를 느끼는 것 같은 놀라운 정신적 경험이 있어야만 한다고 생각한다. 그러나 명상이 발전되고 향상되는 데에 있어서 단순한 진리는 바로 고요함이 깊어지는 것이므로 극적인 현상은 필요하지 않다.

어떤 사람은 통증이나 경련하는 듯한 느낌, 혹은 다른 육체적인 느낌을 경험할지도 모른다. 이것은 몸 어딘가가 긴장해 있거나 마음상태나 감정적인 면에서 어떤 반응이 있다는 것을 알려 주는 것인데, 이것을 깊은 의식상태에서 체험할 수 있는 경험으로 오해해서는 안 된다.

감지할 수 있는 어떤 느낌을 받더라도 학생은 그것을 지나가게 하고, 천천히 그리고 점차적으로 자신을 내적 본성의 깊은 단계로 이끌어 줄 만트라에 마음을 집중해야 한다.

명상 수행이 깊어지면 여러분은 아마도 특정한 형태의 경험이 여러분을 산만하게 만드는 것을 알게 될 것이다. 마음이 들어차 있는 경험을 지켜보면, 부정적인 감정이나 욕망은 여러분의 주의를 너무 많이 끌어서 그것에 온통 마음을 사로잡히게 하지만, 즐겁고 행복한 느낌은 마음속에 전혀 문제를 일으키지 않는다는 것을 알게 될 것이다.

이런 관점에서 여러분이 가지고 있는 생각, 경험하고자 하는 것이 모두 내적인 평화뿐만 아니라 내적인 혼돈도 가져올 수 있다는 것을 알게 될 것이다. 그리고 하루를 돌이켜볼 때 어떤 경험이 명상에 이롭고 어떤 경험이 명상에 방해가 되는지를 점차 인식하게 된다. 이렇게 하면 자기 관찰과 영적 성장에 새로운 장이 열릴 것이다. 여러분은 마음을 사로잡거나 정신적 에너지를 단절시키는 불쾌한 경험을 계속 만들어 내지 않고 살아가려고 노력할 것이다. 우리를 조화로움과 고요함으로 이끄는 경험을 만드는 것은 명상을 준비하는 데 있어서 꼭 필요한 부분이다.

이러한 의미에서 명상가는 내면의 탐색가가 되거나, 의식과 무의식 양 측면에서 일어나는 마음의 내적인 반응과 진행 상태를 연구하는 연구자가 되는 것이다. 명상가는 이 연구를 통해 외부세계에서 유용하게 쓸 수 있는 창조적 지성을 이끌어 내는 내면의 탐구자다. 명상은 사람으로 하여금 그 마음의 능력, 즉 기억, 집중력, 감정, 판단력, 직관력 등의 모든 가능성을 완전히 알고 이해할 수 있게 해 준다.

명상을 하는 사람은 이 능력을 어떻게 어우러지게 하고, 균형 있게 하며, 강화하고, 그의 모든 잠재력을 어떻게 사용하는지를 알기 된다. 그리고 명상 수행을 통해 그는 마음의 보통 상태를 넘어서 의식의 가장 높은 영역으로 들어가게 되는 것이다.

이렇게 여러분의 몸과 마음, 인성 전체에 나타나는 명상의 유익한 영향을 관찰하기 시작하면, 여러분은 명상 체계의 높은 단계에 있는 더 깊은 명상법과 기술에 관심을 가지게 될 것이다. 정말 진지하고 성실하게 명상 수행을 한다면, 여러분은 분명 점진적인 변화를 인지하게 될 것이다. 조급한 마음이나 게으름 때문에 수행을 포기하지 말기 바란다. 수행을 계속한다면 꾸준히 발전할 것이다.

제5장

호흡 수행

　호흡을 인식하는 것은 명상에서 매우 중요한 부분이다. 하지만 초보자는 이것을 잘못 알고 있거나 과소평가하기도 한다. 전통이 잘 확립된 대부분의 명상학교에서는 상급 명상 방법을 학생에게 가르치기 전에 먼저 호흡을 의식하는 것을 가르친다. 명상 수행에서 학생은 제일 먼저 몸을 가만히 있게 하는 것을 배우는데, 이 과정에서 움찔거림, 떨림 같은 몸의 움직임을 의식하게 된다. 그 다음에는 호흡 방법을 배워서 자신의 의식을 일깨우고 그 의식을 통해 몸과 호흡, 그리고 마음까지 조절할 수 있는 방법을 배운다.

　모든 요가 호흡법은 프라나야마*pranayama*의 한 부분인

데, 프라나야마를 통해 학생은 운동을 규칙적으로 할 수 있게 된다. 이렇게 규칙적으로 호흡을 조절하지 않으면 호흡기 계통, 심장, 뇌, 그리고 자율신경계가 조화로운 기능을 유지할 수 없으며, 이러한 육체적인 진행 과정이 방해받으면 명상이 진보할 수 없다. 프라나야마 수행법의 역할을 이해하는 것은 매우 중요하다. 프라나prana는 '아주 작은 에너지 단위'로 인간 안에 자리 잡은 에너지의 가장 섬세한 단위인데 이것은 우리의 몸과 마음을 연결해 준다. 프라나야마 수행법은 학생의 건강과 몸의 기능을 조정하는 이 섬세한 에너지의 흐름을 연결하고 균형 잡도록 해 준다.

살면서 정서적 긴장감을 느낄 때마다 우리는 호흡이 어떻게 변하는지를 알아차림으로써 긴장이 우리 몸에 끼치는 영향을 관찰할 수 있다. 충격을 받거나 갑자기 놀랐을 때 우리는 무의식적으로 숨을 멈추기도 한다. 불안하거나 스트레스를 받을 때에는 숨이 빨라지고 얕아진다. 이렇게 호흡은 늘 우리 마음의 상태를 반영하고 있다.

스트레스가 지속되는 생활을 하다 보면 숨이 만성적으로 빨라지고 얕아질 수 있는데, 이렇게 되면 몸은 불안정해지고 마음은 불안해진다. 숨이 더 빨라지고 얕아질수록 생각을 명료하게 하거나 마음을 진정시키기가 더 어려워진다. 이렇듯 호흡 상태는 명상의 깊이에 아주 큰 영향을 끼친다.

호흡학에 대한 지식과 호흡을 어떻게 다루는지를 배우는 것은 상급 명상기술을 배우고자 하는 사람에게 꼭 필요하다. 일단 우리가 조용한 곳에서 편안하고 안정적인 자세로 앉아서 심한 육체적 긴장이나 동요를 느끼지 않는 상태가 되면 이때 불규칙한 호흡을 파악하게 되는데, ① 얕은 호흡 ② 숨을 헐떡거리는 것 ③ 거친 호흡 ④ 들숨과 날숨 사이의 긴 멈춤이 그것이다. 이러한 호흡은 마음을 불안하게 하고 집중하는 것을 어렵게 한다. 명상을 더 깊이 하려면 이 네 가지 나쁜 호흡 습관을 없애야 한다.

고대의 명상 전통에서 스승은 학생의 몸이 고요해지고 호흡이 고르게 되었다는 확신이 들기 전에는 명상의 상급 기술을 전수하지 않았다. 고요하게 앉아 있는 것은 정말 중요하다. 움직임이 적을수록 마음이 더 안정될 것이다. 움직임이나 몸짓, 동요, 근육 경련 등은 모두 훈련되지 못한 마음에서 기인한다. 우리 행동을 관찰해 보면 마음과 무관한 행동이나 몸짓은 없다는 것을 알게 된다. 마음이 먼저 움직이면 그에 따라 몸이 움직이고, 몸을 많이 움직일수록 마음도 점점 흩어지게 되는 것이다.

호흡학(The Science of Breath)

호흡은 몸과 마음을 이어 주는 다리다. 들숨과 날숨은 생명이라는 도시의 두 파수꾼과 같아서 우리의 생각과 감정에 따라 그 움직임이 순식간에 바뀐다. 들숨과 날숨을 통해 생명의 힘 프라나가 우리 몸 속을 여행하는 것이다.

고대의 현자들은 호흡이, 마음상태와 몸이 외부에서 받는 영향을 기록하는 일종의 바로미터라는 것을 일찍부터 깨달았다. 예를 들면 호흡은 우리에게 곧 질병이 닥칠 것을 경고하기도 하는 것이다. 요가학을 체계화한 파탄잘리는 호흡의 과학을 수행함으로써 마음을 조화롭게 하고 고요히 할 수 있다고 설명한다. 우리 전통에 따르면 가장 중요한 것은 고요하고 편안한 자세를 갖추는 것이고, 호흡을 의식하는 것은 그 다음으로 중요한 단계다. 호흡을 의식하게 되면 우리 마음이 편안하고 즐거워진다. 숨이 두 콧구멍을 통해 자유롭고 부드럽게 흐르기 시작할 때 마음은 즐겁고 평온한 상태가 되는 것이다. 이러한 정신적인 조건은 마음이 더 깊은 의식으로 들어가기 위해 꼭 필요하다. 그 이유는 마음이 즐겁지 않으면 안정을 찾을 수 없고, 안정되지 못한 마음은 명상에 적합하지 않기 때문이다.

우리가 호흡을 주시하며 명상을 시작할 때 앞서 언급한 네 가지 장애를 관찰할 수 있는데, 그것은 얕은 숨, 헐떡거리는 숨, 거친 숨, 그리고 가장 문제가 되는 들숨과 날숨 사이의 긴 멈춤이다. 많은 명상서적을 보면 이 장애에 대해서 다루고 있다. 하지만 수행을 해 보면 이 장애를 다루는 것이 얼마나 중요한지를 점점 더 깨닫게 된다. 우리가 호흡의 흐름을 따라 명상하기 시작할 때 우리는 숨이 뚝 끊기거나 멎는 것이 정신이 흩어지는 때와 일치하는 것을 알아차리게 된다. 그러므로 이런 문제들을 해결해 줄 수 있는 프라나야마 수행법을 배우는 것이 중요하다.

프라나야마 수행을 원하지 않는 사람도 명상 수행이 가능하지만, 호흡에 대한 인식 없이는 깊은 경지의 명상이 불가능하다. 호흡과 마음은 서로 의존하고 있다. 숨이 불규칙하고 헐떡거리면 마음도 흩어진다. 자세가 안정된 후에 호흡을 의식하는 것은 평정을 향해 가는 다음 단계다. 호흡은 마음을 강하게 하고 주의를 안으로 쉽게 돌릴 수 있도록 해 준다. 초보자들은 호흡을 의식하는 것을 먼저 배우는 것이 좋다. 이것은 좀 더 깊은 명상상태에 들어가기 위한 가장 간단하고 가장 자연스럽고 또 가장 중요한 단계다.

상급기술을 배울 준비가 된 학생은 호흡 의식의 중요성을 깨닫는다. 살아 있는 모든 피조물에게 삶의 에너지를 불어넣어 주는 우주의 중심과 우리의 가장 깊은 자아 사이에 연결고리가 있기 때문에 마음이 호흡의 흐름을 따라 흐르기 시작하면 우리는 우리 속의 더 깊은 실재를 깨닫게 된다. 육체가 호흡을 통해 생명의 힘이라 불리는 프라나[氣]를 오래 받으면 받을수록 몸과 마음의 관계는 계속 유지되는 것이다. 이 관계가 무너질 때 마음은 파멸하게 되고, 몸은 생명의 내적 연결고리로부터 떨어져 나오게 되며, 이러한 분리를 죽음이라고 부른다.

호흡을 의식하면서 우리는 보통 의식적인 마음 그 너머에 있는 더 깊은 차원들을 경험할 수 있게 된다. 분명한 것은 호흡이 체계적 기능을 하지 않으면 더 깊은 의식 차원으로 들어갈 수 없다는 점이다. 이 과정에서 첫 단계는 호흡 의식을 발전시키는 것이다.

거의 대부분의 시간에 우리는 자신의 호흡을 의식하지

않는다. 몸의 자세가 다 갖춰진 다음의 목표는 숨이 어떻게 흐르는지, 그리고 숨이 얼마나 부드러운지, 숨이 우리 몸 어디에서부터 생겨나는지, 그리고 마침내 숨결 자체의 리듬까지도 의식하면서 호흡의 흐름으로 우리의 주의를 돌리는 것이다.

예를 들자면 자신이 숨을 쉴 때 입이 살짝 벌어지거나, 숨이 빠르거나, 얕은 숨을 쉬거나, 불규칙하거나, 가볍게 쌕쌕대는 소리가 나는 것을 알게 될 수도 있다. 숨을 의식하는 이유는 바로 가로막으로 고르게 숨 쉬는 호흡패턴을 재확립하는 데 있다. 이러한 호흡패턴에서 모든 들숨과 날숨은 입보다는 코를 통해 흐르게 되어 있고, 진행과정 내내 조용한 상태를 유지한다. 만일 가쁘고 얕은 숨을 쉰다면 가슴으로 숨을 쉬고 있는 것이 분명하다. 이것은 숨을 깊게 완전히 쉬지 않고 폐의 용량 중 일부만 쓰고 있다는 뜻이다. 여러분이 가로막호흡을 제대로 잘하게 되면 숨을 들이쉴 때마다 폐는 한껏 부풀게 되고, 숨을 내쉴 때에는 완전히 비워지게 된다.

가로막으로 고르게 숨을 쉬게 되면 호흡은 더더욱 효과적이고 완벽해진다. 그리고 좀 더 천천히 숨을 쉬게 되며 호흡은 매번 더욱 효율적으로 변화한다. 그러나 머리와 목과 몸통이 똑바로 정렬되지 않고서는 가로막으로 숨 쉬는 것은 불가능하다. 다음 그림을 보면 이해하는 데 도움이 될 것이다.

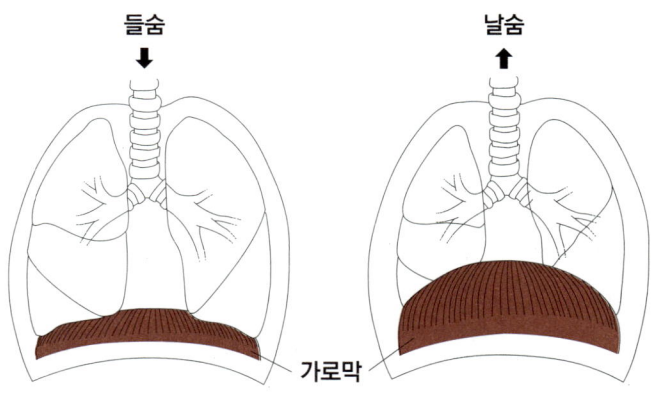

[들숨과 날숨 동안에 움직이는 가로막]

우리의 폐는 신축성이 좋고 팽창력이 있으며, 폐가 완전히 채워졌을 때에는 숨을 얕게 쉴 때와 달리 용량이 무척 크다. 폐는 위아래로 움직이는 가로막, 즉 몸에 가로로 놓인 근육막에 의해서 아래쪽 배와 분리되어 있다. 가로막이 올라가면 폐가 비게 되고, 가로막이 내려가면 폐는 공기로 가득 찬다. 가로막의 움직임을 직접 관찰할 수는 없지만 가로막으로 호흡할 때 숨을 들이쉬면 아래쪽 늑골들이 약간 밖으로 벌어지고 바 부분이 밖으로 조금 나오며, 숨을 내쉴 때에는 배 부분이 척추 쪽으로 되돌아간다.

자세가 나쁘고 등이 굽었다면 그것이 가로막으로 숨 쉬는 것을 무의식적으로 방해하게 되므로 숨을 가쁘고 얕게 쉬게 되어 자유로운 호흡이 되지 못한다. 이렇기 때문에 앉는 자세는 매우 중요하다. 척추가 일직선이 아니면 자유로이 숨 쉴 수 없게 되고 호흡 진행이 방해를 받아 마음은 흩어지게 될 것이다.

가로막호흡을 수행하는 첫째 단계는 자세를 의식하는 것과 곧고 바른 자세로 편안하게 앉아 있는 것을 배우는 것이다. 이렇게 하면 가로막호흡을 더 잘 발전시킬 수 있다. 그리고 나면 들숨과 날숨의 길이가 같은지 판단할 수 있게 된다. 들숨과 날숨의 길이를 의도적으로 조절하는 호흡법이 몇 가지 있다. 그러나 사람들은 대부분 아무 생각 없이 이런 호흡을 하는데, 이것은 몸을 해치게 될 수도 있다.

고른 호흡패턴을 갖추기 위한 한 가지 방법은 바로 머릿속으로 수를 세어 들숨과 날숨의 길이가 같아지도록 조절하는 것이다. 하지만 숨을 쉬면서 수를 세다 보면 숫자 하나하나를 생각할 때마다 잠깐씩 숨을 멈추게 될 수도 있다. 가장 좋은 방법은 마음속으로 발가락 쪽으로 내려오며 숨을 내쉬듯이 하고, 정수리를 향해 올라가며 들이쉬는 것처럼 하는 것이다. 숨이 끊어지거나 불규칙해지지 않으면서 숨결을 고르고 부드럽게 유지하는 것이 중요하다. 내쉬는 숨의 마지막 지점에서 부드럽게 들숨을 시작하는 식으로 계속하면 된다. 명상을 하지 않을 때 호흡 진행에 주의를 기울이면 이 문제를 바로잡아 해결할 수 있을 것이고, 그러고 나면 명상을 할 때에 호흡이 자연스레 부드럽고 고르게 될 것이다.

다음 사항도 역시 중요하다. 많은 사람들이 무의식적으로 들숨과 날숨 사이에서 숨을 멈춘다. 이것은 아주 나쁜 습관이다. 숨을 멈추게 되면 몸이 긴장하게 되고, 정상적인 호흡리듬이 깨진다. 그러면 건강한 호흡리듬을 잃어서 신경계통에 균형을 잃게 되고, 또한 심장에도 해가 되기 때문이다. 그래서 무의식적으로 숨을 멈추는 버릇을 없애는 것이 중요하다. 숨을 안 쉰다든지, 숨이 차거나 압박감 같은 것을 느끼지 않으면서 호흡과정 전체가 부드럽고 자연스러워야 한다.

　숨이 순조로울 때에는 아무런 압박감이 없고 그리하여 숨은 자연스럽게 고요해질 것이다. 숨소리가 크다는 것은 억지로 힘을 주어 숨을 쉬거나 기관지에 병이 있다는 것을 의미한다.

　여러분의 숨이 깊고 고르게 가로막으로 호흡할 때, 즉 들숨과 날숨의 길이가 같고, 숨이 고요하고, 들숨과 날숨 사이에 끊어짐이 없을 때 호흡상태는 좋아지고 섬세하게 된다. 이렇게 되면 명상을 더 깊은 차원으로 할 수 있게 된다.

　일상생활의 스트레스와 긴장감이 자연스러운 호흡리듬을 깨뜨리기 때문에 의식적으로 이렇게 호흡하도록 주의를 기울여야 한다. 먼저 명상을 할 때나 일상적인 일을 할 때도 호흡에 의식을 두어야 한다. 이렇게 말하면 대부분의 학생은 싫어하겠지만, 명상의 다른 측면에 관심을 갖기 전에 가로막으로 숨 쉬는 법을 배우면서 호흡을 의식하는 데에는 4주 정도의 시간을 할애해야 할 것이다.

완벽한 가로막호흡

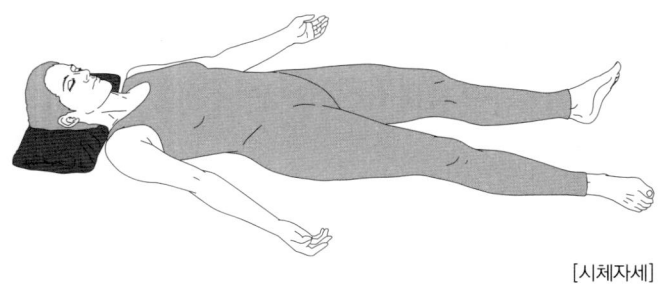

[시체자세]

 가로막호흡을 잘할 수 있는 기술이 몇 가지 있다. 먼저 편안한 자세, 시체자세라고 알려진 샤와사나*shavasana*자세를 하고, 바닥에 등을 대고 눕는다. 한쪽 손을 가슴에 대고 다른 쪽 손을 배꼽 근처에 대면 가로막으로 숨을 쉬는지의 여부를 잘 알 수 있다. 왜냐하면 숨을 들이쉴 때는 배가 올라가는 것을 느낄 수 있고, 숨을 내쉴 때는 배가 꺼지는 것을 느낄 수 있기 때문이다. 가로막으로 호흡을 하면 가슴이 덜 움직이는 것을 알 것이다.

 이 자세로 숨을 의식하는 연습을 할 수 있는데, 3~4kg 정도 되는 모래주머니를 배 위에 올려놓고 하면 더 확실히 할 수 있다. 시체자세로 가만히 누워서 배가 움직이는 것에

의식을 두고 집중한다. 이러한 자세는 가로막근육을 강화시켜 줄 것이다

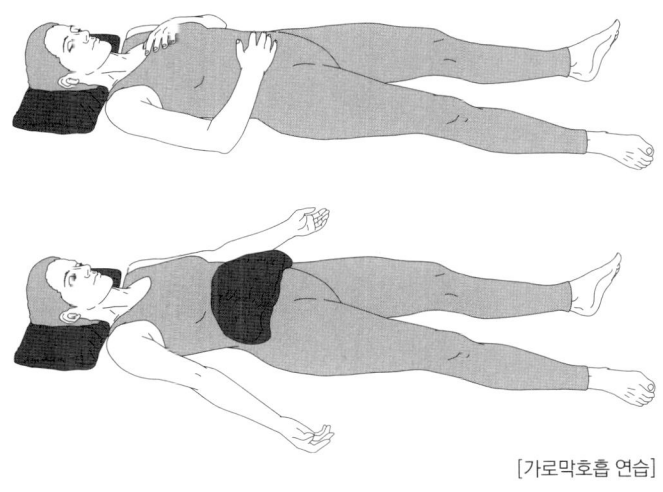

[가로막호흡 연습]

악어자세(crocodile)를 하고 엎드리는 것도 가로막호흡을 의식하는 데 도움이 된다. 악어자세를 하려면 엎드려서 얼굴이 바닥을 향하게 하고 발가락은 바깥쪽을 향하게 한다. 서로 포개진 팔 위에 이마를 대고 숨을 깊이 쉰다. 이 자세를 하면 바닥에 닿은 배의 움직임을 더 잘 느낄 수 있다. 5분에서 10분 정도 이 자세로 이완하여 숨쉬기를 하루에

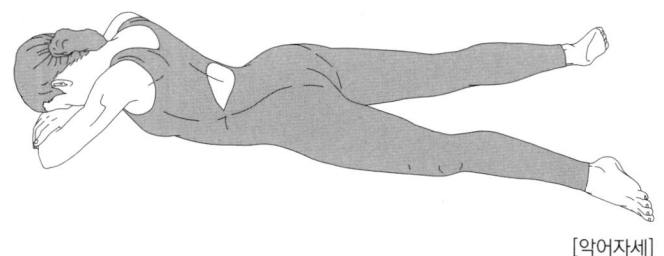

[악어자세]

2회 정도 아침, 저녁으로 하면 가로막으로 숨 쉬는 습관을 들일 수 있게 된다. 누워 있을 때 계속 편하게 가로막으로 숨을 쉬고, 가로막호흡을 하루하루 일상적으로 계속하면 바르게 앉아서 명상하는 동안 가로막호흡을 자연스럽게 할 수 있다.

2대1호흡 연습

가로막호흡을 잘 완성하고 나면 명상에 변화가 생긴 것을 알게 된다. 우리에게 도움이 될 만한 수행법이 몇 가지 더 있는데, 그 중에 2대1호흡은 우리를 편안하게 해 주고, 나쁜 가스를 몸에서 없애 주며, 체력과 지구력을 증진시켜 준다. 이 호흡은 앉아 있거나 걸어가면서도 할 수 있는데, 이 호흡을 통해 활력을 얻게 될 것이다.

이 수행법을 연습하려면 날숨의 길이를 들숨 길이의 2배가 되게 내쉬면 된다. 예를 들어 우리가 여덟을 셀 동안 숨을 내쉰다면 넷을 세는 동안 들이쉬면 되는데, 이때 숨을 멈추면 안 된다. 2주 동안 하루에 5~10분 이 호흡을 연습하면 좀 더 활기차게 된 자신을 느끼게 될 것이다.

프라나야마와 신경계

프라나야마학(The Science of Pranayama)은 자율신경계와 아주 밀접하게 연결되어 있다. 프라나야마 기술은 신경계통의 기능을 균형 잡아 주고 이것이 의식의 통제 하에서 늘 저절로 진행되게 해 준다. 이 기술은 명상을 위해 아주 중요한 준비운동이다. 우리가 이 기술을 잘 연마하고 그 결과를 관찰해 보면 몸이 평온해지고 진정되며, 마음이 고요해지는 탁월한 효과가 있다는 것을 알게 된다.

신경계에 대한 현대 의학지식을 습득하기 오래 전부터 고대의 요가 수행자들은 나디*nadi*라는 경락을 통해 프라나 에너지가 흐르는 것을 알았다. 나디는 신경과는 좀 다르지만 우리 몸속 신경과 섬세한 조화를 이루는 것이라 할 수 있다. 나디는 수천 가지가 넘는데, 그 중에 특별한 역할을 하는 세 가지 나디가 있다. 그것은 수슘나sushumna, 이다ida, 핑갈라pingala다.

수슘나는 중앙채널이라 할 수 있는데, 몸의 척추에 해당한다. 이다와 핑갈라는 각각 척추의 왼쪽과 오른쪽에 해당한다. 이다와 핑갈라는 척추 아랫부분에서 발생해서 이다는 왼쪽 콧구멍에서 끝나고 핑갈라는 오른쪽 콧구멍에서 끝난다. 보통 에너지는 척추 좌우의 이 두 부분을 번갈아 가며 흐른다. 프라나야마 수행의 목적은 프라나의 에너지를 수슘나를 통해 위쪽으로 흐르게 하는 데 있다. 이를 통해 우리는 기쁨과 고요함과 더 높은 의식을 얻을 수 있게 된다.

현대 생리학은 고대 요가 수행자들이 오래 전에 경험한 사실, 즉 호흡의 주된 흐름이 왼쪽과 오른쪽 콧구멍을 번갈아 가며 바뀐다고 하는 사실을 연구를 통해 증명했다. 보통 사람들이 알면 아주 놀라운 사실이 한 가지 있는데, 그것은 한쪽 콧구멍이 다른 쪽보다 더 많이 열려 있다는 것이다. 그리고 공기는 덜 열린 쪽보다 많이 열린 쪽에서 더 자유롭게 흐른다는 것이다. 덜 열린 쪽을 수동적이라 하고, 더 많이 열린 콧구멍을 활동적 또는 능동적 콧구멍이라 한다.

건강한 사람의 경우 능동적인 콧구멍과 수동적인 콧구멍이 그 역할을 바꾸는 주기는 약 90분에서 2시간이다. 이러한 생리적 변화는 무척 흥미롭다. 한쪽 코의 조직들은 충혈되면서 융기해서 아주 천천히 공기를 차단하고, 이와 동시에 다른 쪽 통로는 더 많이 열리면서 더 많은 공기를 들이마시게 되는 것이다.

　지금 어느 쪽 코가 활동적인지 알아내는 것은 쉽다. 코를 통해 숨을 천천히 내쉬면서 손끝을 숨 끝에 대보면 된다. 더 많은 양의 공기와 숨을 느낄 수 있는 쪽이 지금 우세한, 활동적인 쪽이다.

　그 차이를 잘 모르겠다면 작은 손거울로 시험해 보면 된다. 거울을 콧구멍 아래에 대고 거울 위에 모이는 콧김의 모양을 관찰해 보면 한쪽이 좀 더 클 것인데 이쪽이 바로 활동적인 콧구멍이다. 코가 완전히 막혀 있더라도 양쪽 모두 완전히 닫혀 있는 것은 아니다. 앞에서 말했듯이 90분마다 이 양상이 바뀌는데, 얼마 뒤에 다시 관찰해 보면 반대쪽이 더 활동적인 것을 알 수 있다.

　고대의 요가 서적에 따르면 이것은 호흡의 과학이자 호기심을 자극하는 복잡하고도 정밀한 수행법인 스와로

다야*swarodaya*의 시작일 뿐이다. 이 흥미로운 주제에 관심이 있고 더 알고 싶다면 「호흡의 신비로 초대」The Science of Breath(길연 옮김, 관음출판사, 1993)와 「불과 빛의 길」Path of Fire and Light(Swami Rama, The Himalayan Institute Press, 1988)을 보면 된다.

그러면 이제 우리의 주요 관심사로 돌아가자. 프라나야마 수행의 목적은 호흡과정을 자유자재로 조절하고 양쪽 콧구멍을 동시에 여는 법을 배워서 명상에 도움이 되는 즐겁고도 전념할 수 있는 마음상태를 만들어 내는 데 있다. 이러한 목적으로 프라나야마 수행법이 전수되었고 가장 중요한 것 중 하나가 바로 교호호흡(*nadi shodhanam*)이다.

교호호흡(Alternative Nostril Breathing, *nadi shodhanam*)

교호호흡에는 여러 가지 변형이 있는데 그 방법은 각각 다른 목적을 가지고 있다. 이름이 그 뜻을 내포하고 있듯이 이들 변형은 모두 두 콧구멍을 번갈아 가며 호흡의 흐름을 진행한다. 이 방법이 신경계통을 진정시키는 데 아주 유용하다는 것을 곧 알게 될 것이다. 그리고 이것은 나디를 정화하고 균형 있게 해 주고, 콧구멍 속 호흡의 흐름을 안정되게 해 주며, 명상에 적합한 평온하고 맑은 정신을 갖게 해 준다. 또한 자율신경계의 기능을 적절하게 바로잡아 주기도 한다.

이 교호호흡이 숙달되면 숨을 멈추는 몇 가지 더 자세하고 광범위한 변형을 배울 수 있다. 그러나 우리 전통에서는 학생에게 이 방법으로 시작하는 것을 권하지 않는다. 배우는 학생이 반다*bandha*(잠금)와 무드라*mudra*(몸짓)에 대한 충분한 지식이 없으면 절대로 숨을 참아서는 안 된다. 그래서 숙련된 학생에게만 가르치는 것이다. 숨을 들이쉰 채로 호흡을 멈추고 있으면 집중력이 강화되는데, 마음이 산만하거나 평온한 상태가 아니라면 이것은 별 효험이 없게 된다.

교호호흡은 배우기가 아주 쉽다. 시작단계에서 배울 수 있는 것으로 세 가지 변형이 있다. 각 변형의 순서는 다음 페이지에 그림으로 설명해 놓았다. 이 중 하나를 골라서 두 달간 숙달될 때까지 수행하라. 그런 다음에 다른 방법을 더하거나 바꿀 수 있도록 하라. 수행기간이 지난 다음에는 한 가지 방식으로 매일 수행하는 것이 가장 좋으며, 그 후에는 방식을 바꾸지 말아야 한다.

교호호흡은 명상자세로 똑바로 앉아서 수행하는 방법이다. 이것은 아사나를 한 후 충분히 긴장이 풀어진 상태에서 하는 것이며, 명상에 선행되어야 하는 수행법이다. 이 수행법은 하루에 적어도 아침·저녁으로 2회는 반드시 해야 한다. 물론 한낮에 해도 되지만 그때는 식사 전 위를 비운 상태에서 해야 한다. 주의할 것은, 낮에 수행하려면 수행하는 그때에 어느 쪽 코가 활동적이고 어느 쪽 코가 수동적인지 잘 파악한 다음에 해야 한다는 점이다. 다음 그림을 참조하라.

교호호흡을 위한 기본 순서

먼저 수행법을 한 가지 고른다.

[변형 1]은 가장 잘 검증된 수행법이다. 흔히 처음에 배우게 되므로 수행법 중 첫째 순위를 유지한다. 그러나 이 방법은 콧구멍을 자주 조절해야 하기 때문에 어떤 초보자에게는 가장 좋은 방법이 아닐 수도 있다.

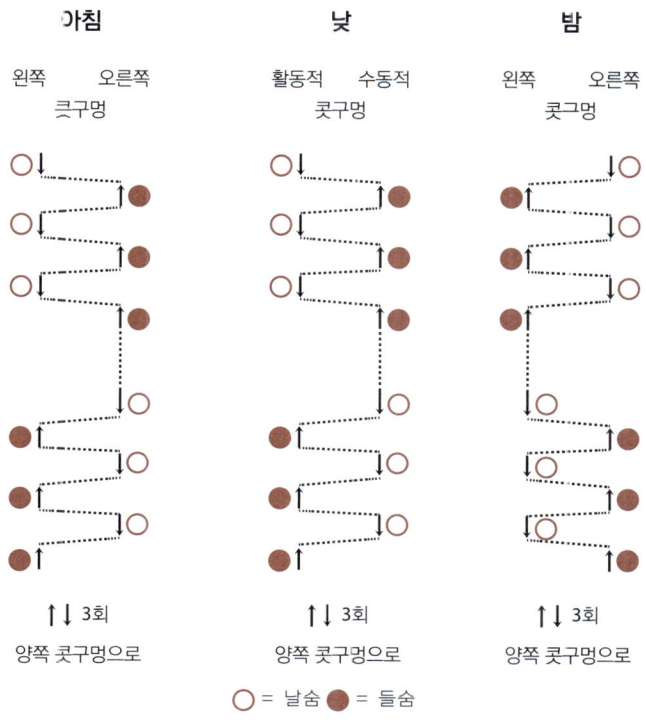

[변형 2]는 기억해서 훈련하기에 쉬운 방법이다. 콧구멍을 바꾸는 것은 각 숨을 완전히 들이쉰 다음 하게 된다.

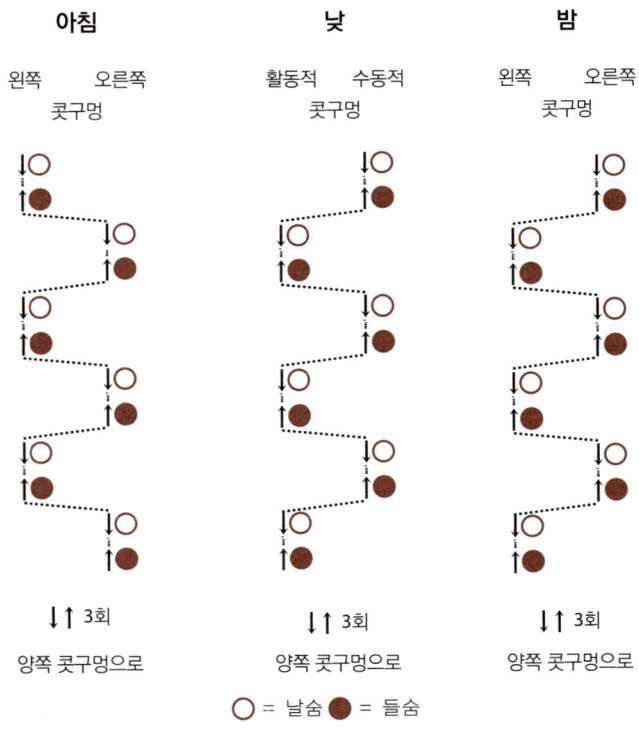

106 명상과 수행

[변형 3]은 가장 적게 콧구멍을 조절하기 때문에 배우기 쉽다. 앞의 두 가지 방법이 어려웠다면 이것은 처음에 하기 좋은 방법이라고 할 수 있다.

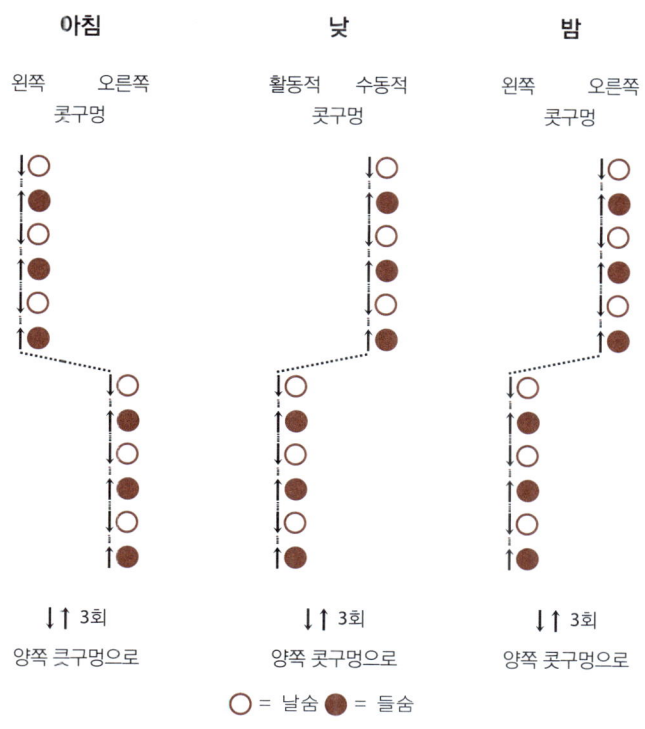

호흡 수행

1. 명상자세로 앉아서 척추가 똑바르게 자리 잡고 호흡이 원활해질 수 있도록 머리·목·몸통이 제대로 정렬되었는지를 점검하라.
2. 오른쪽 혹은 왼쪽 코로 숨을 내쉬면서 시작할 쪽을 정하라. 그림을 참조해서 아침, 낮, 밤 등 시간과 방법을 보고 선택하면 된다.
3. 가로막으로 호흡한다. 이때 모든 들숨과 날숨의 길이는 같아야 하고, 숨결은 부드럽게 천천히 조절해야 한다. 호흡을 억지로 하거나 몰아서 쉬지 않도록 하고 눈은 살짝 감는다.

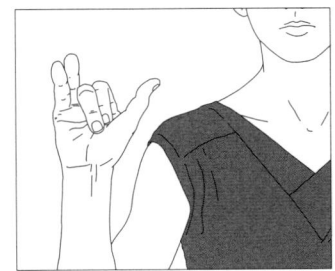 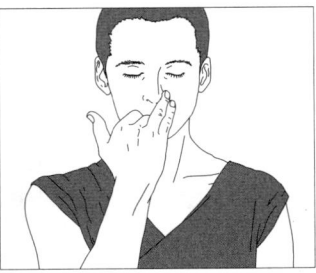

4. 콧구멍을 자연스럽게 번갈아 가며 막으려면 손 모양을 특별하게 해야 한다. 오른손을 올려 코에 갖다 대고 집게손가락과 가운뎃손가락을 손바닥에 닿도록

구부린 다음 엄지손가락으로는 오른쪽 콧방울을, 넷째 손가락으로는 왼쪽 콧방울을 눌러 콧구멍을 막으면 된다. 주의할 것은 손 쪽으로 머리가 숙여지지 않도록 하는 것이다. 그리고 콧구멍을 닫을 때 엄지손가락과 넷째 손가락이 코를 세게 누르지 않도록 주의한다. 콧방울에 살짝 대는 정도면 충분하다.

5. 이 연습을 시작하려면 한쪽 콧구멍을 살짝 닫고 다른 쪽으로 숨을 부드럽게 완전히 내쉬면 된다.
6. 숨을 완전히 다 내쉬었다면 선택한 변형 양식에 따라 부드럽게 그리고 충분히 들이쉰다. 들숨과 날숨의 길이는 반드시 같아야 하며, 숨을 억지로 쉰다는 느낌이 없도록 한다.
7. 선택한 변형법의 순서대로 한 번 실시한 다음 양쪽 콧구멍으로 아주 깊고 부드럽게 호흡한다.

선택한 변형법을 제대로 다 연습하고 들숨과 날숨을 부드럽고 고르게, 조용하게 유지할 수 있는 능력이 생겼다면, 호흡의 길이가 점점 더 길어지는 것을 알 수 있을 것이다. 호흡 진행을 점점 더 천천히, 더 부드럽게, 좀 더 의식적으로 집중함으로써 스스로 향상될 수 있도록 한다. 그렇게 할 수 있을 때 다음 단계로 갈 준비가 되었다고 하겠다.

교호호흡의 중간단계

중간단계에서 학생들은 반드시 교호호흡을 3회전 수행해야 하는데, 몸의 긴장을 풀고 호흡의 자연적인 내적 리듬을 회복하기 위해서는 한 번 끝낼 때마다 양쪽 콧구멍으로 세 번 호흡을 해야 한다. 필요하다면 세 번 이상 호흡해도 된다. 이렇게 한 번 앉아서 3회전을 수행할 때, 두 번째 회전은 반대쪽 콧구멍에서 시작해야 하므로 콧구멍을 교대하는 양식은 첫 번째 회전과 세 번째 회전을 거꾸로 되짚는 격이 된다.

이 수행이 향상되면 여러분은 이 수행에 더 많은 시간을 쏟고 더 많은 관심을 기울이게 될 것이다. 호흡을 항상 부드럽고 고르게 유지한다. 편안함에서 더 나아가려고 하지 말라. 숨이 차 헐떡이거나 억지로 숨을 쉬지 않도록 하라. 여러분의 목적은 숨을 쉬면서 섬세하며 부드러운 고요함을 얻는 것이다.

2대1호흡과 교호호흡을 모두 하루에 두 번씩 수행하고

다른 호흡 수행도 하타요가 아사나를 마친 다음에 수행하면 된다. 그러나 호흡을 멈추는 수행은 그것을 수행해 본 경험이 있고 반다와 무드라의 사용법을 학생에게 가르쳐 본 숙련된 스승의 감독 하에서만 이루어져야 한다. 그렇지 않으면 신체리듬에 장애가 되는 요소들이 호흡을 교란시켜서 심장과 뇌, 그리고 다른 조직에 해를 입히게 된다.

호흡 훈련법은 무수히 많다. 여기에서는 학생이 양쪽 콧구멍으로 호흡을 자유롭게 할 수 있고 명상상태에 도달하도록 도와주는 몇 가지만 소개한 것이다. 호흡의 시작을 '수슘나의 깨어남'이라고 부르는데 이것은 더 높은 단계의 명상을 위해 매우 중요하다. 수슘나가 깨어날 때 명료한 경지를 맛볼 수 있고, 마음은 더 이상 방황하지 않고 기쁨으로 가득 찰 것이다. 이렇게 기쁜 마음은 명상에 아주 적합할 뿐 아니라 평온한 상태에 들어갈 수 있게 해 준다.

제6장
명상 향상을 위한 프로그램

　명상을 향상시키기 위한 이 프로그램은 전통에서 현자들이 철저히 연구하고 경험한 결과물이다. 명상을 배우는 많은 성실한 학생이 그 효과를 체험했다. 여러분이 명상의 최고 경지에 다다르길 원한다면 간단한 이 시스템을 따라 훈련하기 바란다.

- 매일 같은 시간에 앉아 있는 것을 몸에 익히고 습관이 되게 한다.
- 명상에 적합하게 앉는 자세를 향상시킨다. 명상에 적합하게 앉는 자세는 편한자세, 행운자세, 그리고 성취자세를 포함한 몇 가지다. 이 중 한 가지를 골라서 규

칙적으로 수행한다. 그러면 여러분의 몸이 적절하게 잘 맞춰질 것이다.

첫째 달의 지침과 목표

처음 시작하는 한두 달 동안은 편안하게 가만히 앉아 있는 자세를 갖추는 데 집중한다. 명상자세는 안정적이고 편안해야 한다. 자세가 안정된다는 것은 가만히 앉아 있을 수 있고 머리·목·몸통을 곧게 유지할 수 있다는 의미다. 자세를 편안하게 한다는 것은 불편하거나 불안정하지 않다는 것을 의미한다. 명상을 위해 사용하는 방석은 너무 높거나 딱딱해서는 안 되고, 너무 푹신하거나 안정감이 없어도 안 된다.

첫 달에는 목과 머리, 몸통이 똑바른지 확인할 수 있도록 벽에 기대는 것도 괜찮다. 하지만 이후에는 어떠한 외부 도움 없이 독자적으로 앉아 있는 것을 익히도록 한다. 나무 판자 위에 4분의 1로 접은 담요 두 장을 올려놓으면 훌륭한 명상자리가 된다.

수행의 첫 단계에서는 여러 차원에서 방해를 받을 수도 있는데, 제일 먼저 몸이 떨리고, 땀이 나며 저리기도 할 것이다. 다음에는 볼이나 눈 주위에 있는 예민한 근육들이 경련을 일으킬 수도 있다. 이런 것들은 무시할 수 있어야 한다. 몸을 길들이려 하면 처음에는 몸이 저항한다. 명상하는 도중에 목이 마르면 물을 몇 모금 마셔도 된다. 어떤 경우에는 입속에 침이 많이 고이는 것을 느낄 수도 있는데, 이것은 과식을 했다거나 건강에 좋지 않은 음식을 먹었을 때 일어나는 증상이다.

명상을 시작할 때 오래 앉아 있으려고 애쓰지 않아도 된다. 처음에는 15~20분 정도면 충분하고, 3일마다 3분씩 시간을 늘려 수행하면 된다. 자세가 잡혀서 안정이 되면 명상 시간은 저절로 점점 늘어날 것이다. 고요하고 안정된 자세를 연습해서 발전하면 큰 기쁨을 맛보게 된다. 불편한 것은 좋은 신호가 아니다. 자리에서 일어날 때 발가락, 다리, 허벅지를 잘 마사지한다.

명상이 더욱 좋아지고 계속해서 다시 명상자리에 와서 명상하는 시간을 늘 간절한 마음으로 기다릴 수 있게 되도록 신께 기도하라. 이 기도는 여러분 내면의 방에 앉아 계신 생명의 신께 기도하는 것임을 기억하라. 이 기도는 여러분의 의식을 강화시킨다. 명상이 향상되기를 청하는 기도

외에 다른 기도를 하면 안 된다. 이기적인 기도는 에고ego를 살찌우고, 학생을 약하고 의존적으로 만들 뿐이다. 기도는 반드시 신을 중심으로 해야지 에고를 중심으로 삼으면 결코 안 된다.

연습 1

　명상을 시작할 때 마음속으로 몸을 잘 살펴본다. 눈은 살며시 감고 있는지, 윗니와 아랫니가 살짝 닿아 있는지, 입은 다물었는지, 손은 무릎 위에 놓였는지(몸을 숙이지 않고 편안하게 무릎 가까이 손이 놓여 있는지) 잘 관찰한다. 정수리에서부터 아래쪽으로 내려가면서 차례차례 잘 점검한다. 이마에 아무런 긴장이 없게 하고 볼이나 턱에도 긴장이 없게 한다. 목과 어깨도 긴장을 풀고 편하게 한다. 어깨에서부터 손가락 끝까지 모두 긴장을 풀도록 한다.

　마음속으로 의식을 어깨로 되돌려서 어깨 힘을 푼다. 그다음 가슴도 긴장을 풀어 준다. 의식을 가슴에 두고 편안한 만큼 숨을 들이쉬고 내쉰다. 이렇게 하면 몸이 편해진다. 코로 깊은 숨을 몇 번 쉬고, 어떤 긴장에도 마음을 내맡기라. 몸에 어떠한 요구도 하지 말고 그저 긴장감을 지켜보고 그것이 가라앉도록 내버려 두어라. 의식을 복부 주위로 옮기고 골반과 엉덩이, 허벅지, 무릎, 정강이, 발목, 발을 차례로 훑어보아라.

이제 5~10회 정도 숨을 들이쉬고 내쉬어라. 그런 다음 머릿속으로 자신의 몸을 구체적으로 떠올려서 정수리 부분으로 다시 거꾸로 차례대로 훑어 올라가라. 자신의 몸을 한 군데도 빠짐없이 탐색하라. 만일 어떤 부위에 아픔이 느껴진다견 여러분의 마음에게 그 부분을 치료하러 가 달라고 청하라. 마음은 그 정도의 불편함을 고칠 수 있는 내적인 힘을 지니고 있다. 그 사실을 의심해서는 안 된다.

마음 알기

마음은 몸과 호흡, 감각의 주인이며 의식의 중심, 즉 개개인의 영혼의 힘에 의해 충전된다. 우리가 생각하는 과정, 감정의 힘, 분석 능력, 마음의 조절 기능, 이 모든 것은 우리 내면에 가장 깊숙이 자리잡은 영혼의 힘에서 나온다. 마음이 감각과 호흡, 육체를 직접 통제한다는 사실을 깨달아야 한다. 감각에 작용해서 그것이 외부세계에서 기능하도록 하고, 감각을 통해 세상을 받아들이고, 이들 감각적

인식을 개념화하고 분류하는 것이 마음이다. 마음은 그렇게 받은 느낌을 무의식, 즉 장점과 단점의 창고에 잘 넣어 두었다가 그것이 필요할 때 다시 불러온다.

모든 사다나*sadhana*(영적 수행, 기술, 훈련)는 결국 마음을 훈련하는 것이다. 이 훈련에서 가장 중요한 것은 마음 저 너머에 있는 실재, 즉 불멸의 영혼을 마음이 깨닫도록 만드는 것이다. 마음은 별개의 독립체지만 분리되어 존재하지는 않는다. 즉 마음은 영혼이 존재할 때 비로소 존재할 수 있는 것이다.

마음은 우리가 갖고 있는 가장 좋은 도구다. 마음을 잘 이해하면 마음은 영적 수행(*sadhana*)에 도움이 될 것이다. 그러나 마음이 잘 정돈되지 않고 훈련되지 않으면 우리의 목적을 이루는 데 방해가 될 뿐 아니라 잠재성까지 전부 흩어 버린다. 먼저 우리의 본성을 깊이 알면 마음 영역 안에 있는 어떤 것도 마음으로 치유할 수 있게 된다. 우리 내면의 자아를 인식하게 될 때 우리는 의식으로 치유할 수 있고, 많은 질병을 예방할 수 있게 된다.

마음의 독특한 기능은 네 가지가 있는데, 마나스*manas*, 붓디*buddhi*, 아함카라*ahamkara*, 칫타*chitta*가 그것이다. 이것들을 잘 이해하고 그 기능을 잘 조화시켜야 한다. 마나스는 낮은 단계의 마음이다. 우리는 마나스를 통해 외부세계와 교류하고 감각적인 인상과 정보를 얻게 된다. 마나스는 또한 의심과 의문이 많은데, 이러한 성향이 지나치면 어려움을 겪기도 한다. 붓디는 더 높은 단계의 마음으로, 내면의 지혜로 향하는 출입문이다. 이것은 판단하고 결정할 수 있는 능력을 가지며, 경험적 지식에 입각해서 차이를 알고 분별한다. 붓디가 제대로 기능을 하면서 마나스가 붓디의 지도를 잘 받아들인다면 붓디가 더 현명한 쪽을 선택할 수 있게 된다.

　아함카라는 스스로를 개별 독립체로 느끼는 독자적 자아, 특 '자기 인식'(I-ness)에 대한 의식이다. 아함카라는 정체성을 잘 인식시켜 주지만, 분리된 느낌, 고통, 소외감을 느끼게도 한다.

　칫타는 우리의 느낌과 경험을 쌓아 놓는 기억의 저장소다. 이것은 유용한 반면에 다른 기능과 조화를 이루지 못하면 어려움을 야기할 수도 있다.

　마음의 네 가지 기능에 대해서는 「행복한 삶의 기술」 The Art of Joyful Living(Swami Rama, Himalayan International Institute

Press, 1987)에서 자세히 설명하고 있다.

수행자는 서로 다른 능력과 역할을 하는 마음의 이 네 가지 기능(*manas, buddhi, ahamkara, chitta*)에 관심을 기울여야 하듯이, 외적인 행위에도 주의를 기울여서 건강에 나쁜 음식이나 건전하지 않은 성행위, 또는 불균형한 삶의 방식으로 질병에 걸리지 않도록 해야 한다.

청결함도 중요하다. 그러나 너무 지나쳐서도 안 된다. 왜냐하면 면역체계가 효과적으로 기능하기 위해서는 청결뿐만 아니라 건강한 마음도 필요하기 때문이다. 정결한 마음은 우리 마음속의 부정적이고 수동적이고 게으른 성향들을 없앰으로써 얻을 수 있다. 이러한 건강한 마음을 통해 자기 신뢰가 형성되면 붓디는 적절한 순간에 잘 결정하고 판단할 수 있게 된다.

마음의 여러 가지 기능을 잘 조화시키려면 행동과 말을 통해 마음이 어떻게 작용하는지 지켜보고, 동시에 생각이 어떻게 진행되는지 관찰하는 것을 배워야 한다. 온갖 질병과 불안, 고통과 불행은 무지(無知)에서 온다. 정화되고 고요하고 차분한 마음은 긍정적이고 건강하다. 명상 진행 과정은 마음을 유익하고 건설적인 도구로 만들어 준다.

정화되고 한 곳을 집중하도록 잘 훈련된 정결한 마음은 여러 상황에서 치유할 수 있는 능력을 갖게 된다. 자가치유는 모든 인간이 가진 마음의 자연스러운 능력 중 하나다. 예를 들면 여러분이 사과 껍질을 깎다가 손가락을 베었다고 가정해 보자. 상처에 피가 나기 시작하면 몸의 세포들은 마치 어떤 이해력을 갖고 있는 듯이 즉시 움직여 베인 곳의 피를 멈추게 해서 다친 세포들을 보호하는 것을 보게 된다. 몸의 면역체계의 상태에 따라 조금 차이는 있지만 시간이 지나면 몸은 저절로 치료된다. 그러나 정신적으로 또 감정적으로 조화를 이루지 못한 사람의 몸속에서는 세포활동이 너무 지나쳐서 나중에는 병이 커질 수도 있다. 이렇게 정신기능에서 미세한 정도로 조화와 균형이 결핍되면 질병이 발생해서 우리의 영적 수행을 방해할 수도 있는 것이다.

우리가 세상의 외적 대상에 감정적으로 집착하고, 우리가 지닌 최고치의 잠재성을 펼치지 못한 채로 남게 되면, 삶은 불완전해지고 우리는 불평과 불만에 휘둘리고 말 것이라고 믿는다. 그러므로 우리는 현재 갖고 있는 자원을 잘 활용해서 우리의 몸, 호흡, 감각, 마음을 건강한 도구로 만들어야 할 것이다. 그렇게 해야 영적 수행을 쉽게 할 수 있게 된다.

매우 고요하고 안정된 자세로 명상상태에 들어가서 몸이 더 이상 움직이거나 흔들리지 않고, 떨리거나 움찔거리지 않게 되면, 세상에서 경험하는 것과는 전혀 다른 특별한 기쁨을 맛보게 될 것이다. 그때 우리는 자신의 호흡을 지켜볼 수 있게 되고 명상의 다음 단계로 들어가게 된다.

호흡을 의식하는 것이 명상에서 아주 중요하다는 것을 명심해야 한다. 우리가 앞에서 언급했던 네 가지 잘못된 호흡(얕은 숨, 숨이 차 헐떡거림, 거친 숨, 호흡 사이의 긴 멈춤)을 알아차리려면 호흡을 잘 관찰해야 한다. 몸은 움직임이 없어야 하며 머리·목·몸통이 똑바로 정렬되어야 편안하고 부드럽게 숨을 쉴 수 있다.

둘째 달의 훈련

둘째 달에는 수행 범위를 다음과 같이 넓힐 수 있다.

스트레칭과 몸풀기를 마친 후에 호흡법을 연습하면 되는데, 주요 근육의 긴장을 푸는 데에는 신체적인 운동이 도움이 되겠지만, 섬세한 근육과 신경에 더 깊고 편안한 이완감을 주기에는 호흡 훈련이 더 유용하다. 교호호흡과 고른 호흡은 반드시 선행되어야 할 훈련이다. 그러나 명상이 진행되는 동안 필요한 단 한 가지 수행은 호흡을 의식하는 것이다. 호흡은 마음의 가장 중요한 중심 가운데 하나며, 마음과 호흡은 서로 떨어질 수 없는 관계다. 마음을 호흡에 집중하는 것은 쉽고도 자연스럽다고 할 수 있다.

앞에서 말했듯이 학생은 첫째 달에는 들숨과 날숨을 잘 관찰하고, 네 가지 주요 문제점이 일어나지 않도록 하면서, 다음을 호흡의 흐름에 집중해야 한다. 그 다음 단계에서는 다음에 설명한 연습에 주의를 기울여 마음을 집중해야 한다.

연습 2

이 수행은 아주 즐거운 경험이 될 것이다. 그러나 움직임 없이 안정적이고 편안한 자세를 터득한 다음에야 비로소 이 호흡법이 주는 내면의 기쁨이 방해를 받지 않는 기분 좋은 상태를 경험하게 된다는 것을 명심해야 한다. 이 특별한 수행법은 오묘하다. 이것은 여러분이 호흡을 의식하며 했던 다른 어떤 수행보다 더 수준이 높고 순화된 것으로, 현자와 스승들의 전통에 의해 수천 년간 검증되어 왔다.

호흡에 무리가 가지 않게 하면서 마치 척추 맨 아래쪽부터 정수리까지 공기를 채우듯이 숨을 들이쉰다. 또 정수리부터 척추 맨 아래까지 공기를 내보내듯이 숨을 내쉰다. 그렇게 하면서 척수 위에서 아래로 세 개의 줄을 마음속으로 그려 보는데, 가운데 줄은 생리학자들이 중앙통로(centralis canalis)라고 부르는 통로를, 양쪽 두 줄은 요기들이 이다와 핑갈라라고 부르는 섬세한 나디 통로를 마음속으로 그려 놓는 것이다.

아주 가늘고 우윳빛 튜브 같은 중앙통로를 통해 숨을 들이쉬고 내쉬어라. 숨골(medulla oblongata, 뇌와 척수의 중간부분에 있는 뇌)과 골반 신경얼기(pelvic plexus) 사이를 흐르는 미세한 에너지의 흐름을 느껴 본다. 마음을 지켜보는데, 마음이 흔들리는 순간을 관찰해 보면 그때마다 호흡이 아주 살짝 끊어지고 불규칙한 것을 알게 될 것이다. 이 수행을 훈련하는 동안에는 숨이 순간적으로 끊어지거나, 거칠거나 얕은 숨, 오랜 멈춤 등을 피해 그저 부드럽게 호흡을 진행하면 된다.

척수에 의식을 두고 들이쉬고 내쉬다 보면 코를 통해 숨이 오가는 것을 의식하게 된다. 한쪽 콧구멍은 막힌 것 같고 다른 쪽은 열린 것 같은 느낌을 갖게 될 텐데, 한쪽으로는 순쉬기가 쉽지만 다른 쪽은 그렇지 못할 것이다. 이런 경우에는 막힌 콧구멍에 집중하라. 그러면 얼마 되지 않아 막혔던 콧구멍이 열리는 것을 느끼고 의아할 것이다.

이것을 연습해 보자면, 먼저 오른쪽 콧구멍에 집중하라. 그쪽이 열리고 호흡하기가 쉬워지면 다른 쪽 콧구멍에 집중하라. 이것을 체계적으로 연습하면 호흡의 흐름을 조절하는 데 시간이 많이 걸리지 않을 것이다.

생명의 법칙에 있어서 호흡과 마음은 쌍둥이와 같다. 이 둘은 서로 가깝게 연결되어 있으며 서로 쉽게 영향을 끼친다. 각각 따로 존재함에도 불구하고 서로 영향을 받으므로 호흡의 흐름은 마음에 따라 아주 간단하게 좌우될 수 있다는 사실을 명심하기 바란다. 생각이 바뀌는 순간 호흡도 변하는 것을 곧 알 수 있을 것이다.

양쪽 콧구멍에 관한 섬세한 전위(電位) 연구 이후에 현자들은 이러한 호흡의 좌우 두 측면이 각기 다른 성질을 지니고 있다는 사실을 발견했다. 오른쪽으로 숨을 쉬는 것이 몸을 따뜻하게 하는 효과가 있는 반면, 왼쪽으로 숨을 쉬는 것은 몸을 시원하게 하는 효과가 있다는 것이다.

호흡학에 대한 전문지식에 의하면 한쪽 콧구멍이 더

활동적일 때에는 마음을 흐트러뜨리는 타뜨와*tattva*(subtle element: 지·수·화·풍·공) 중 하나가 두드러지게 활동하는 것이며, 이로 인해 마음이 산만해지는 것이다. 이것은 호흡의 흐름을 변경하는 원인이다. 타뜨와는 왼쪽과 오른쪽 콧구멍을 통해 흐르는 호흡 방식에 따라 영향을 받고, 또한 호흡은 우세한 타뜨와의 영향을 받는다. 그러나 수행자가 호흡을 조절할 수 있게 되면 수행자의 집중력과 분별력의 수준에 따라 타뜨와도 조절할 수 있다. 이것은 아주 심오한 학문으로 「불과 빛의 길」Path of Fire and Light에서 상세히 다루고 있다.

수슘나*sushumna* 깨우기

자, 이제 다음 단계로 가자. 다음 단계는 마음을 고요하게 그리고 기쁘게 해서 명상을 하는 동안 마음이 즐거움을 맛보게 하는 과정이다. 이 방법을 '수슘나 깨우기'라 한다. 이 프로그램에 따라 인내심을 가지고 꾸준히 수행하는 학생에게는 반드시 큰 효과가 있을 것이다. 이 설명을 읽기만 하고 '실천에 인색한 독자'라면 이 과정을 통해 얻는 것이 없을 것이다. 신이 그를 축복하셔서 언젠가는 그들도 이 빛의 길에 함께 동행하기를 희망한다.

수슘나 깨우기를 시작하려면 마음을 집중해서 두 콧구멍 사이에서 호흡의 흐름을 느껴야 한다. 이것은 콧구멍 위쪽이나 코 끝을 시각적으로 그리면서 집중하라는 뜻이 아니다. 또 이것은 트라타카(trataka, 외부 대상물을 눈으로 응시하는 것)도 아니다. 이렇게 집중하는 이유는 의식의 초점을 윗입술 바로 위에 위치한 양 콧구멍의 연결점에 두기 위해서다. 마음의 초점을 이곳에 두면 양 콧구멍에 자유롭게 숨이 흐르는 것을 알 수 있을 것이다. 이것을 우리는 해와 달의 결혼, 핑갈라와 이다의 결합인 산디야sandhya라 부른다. 이때가 바로 걱정도 두려움도 없고, 어떤 부정적인 생각도 마음을 어지럽히지 않는 기쁜 순간인 것이다. 그러나 학생은 이런 상태를 자주 경험해 보지 못했기 때문에 이 순간이 오래 지속되지도 않고 또 길게 유지할 수도 없다.

아침·저녁으로 두 콧구멍 사이 중앙에 마음을 집중할 때 여러분은 마음이 쉽게 즐거워지는 것을 알게 될 것이다. 그러면 여러분은 이 상태에 다시 들어가고 싶어지고 하루 종일 명상 시간을 기다리게 될 것이다. 양 콧구멍에 자유롭게 숨이 흐르게 되면 그것은 바로 여러분의 좌우 콧구멍이 똑같이 열린 상태로 숨을 들이쉬고 내쉰다는 것을 뜻한다. 이것이 바로 수슘나 깨우기의 신호다. 이러한 경험이 5분간 지속된다면 여러분은 큰 관문을 통과한 것이고, 마음은 한 곳을 향하기 시작한다. 이제 여러분의 마음은 내면을 집중하기 시작하는 것이다. 이 특별한 수행(kriya)은 반드시 2~3개월 동안 해야 한다.

의식적인 마음

의식적인 마음은 의식이 깨어 있는 동안 활동하는 마음의 한 부분이다. 이것은 전체 마음의 극히 일부분일 뿐이다. 집이나 학교, 혹은 대학에서 가르치는 교육에는 우리가 마음 전체를, 특히 무의식적인 마음을 이해하고 깨닫는 방법에 대해서 가르치는 체계적인 프로그램이 없다. 어렸을 때부터 교육체계로 개발된 것은 마음의 극히 일부분인 의식적인 마음뿐이다. 의식적인 마음은 바깥세상으로부터 정보를 수집하기 위해 열 가지 감각에 의존한다. 이것은 다섯 가지 섬세한 인지감각(시각, 청각, 미각, 후각, 촉각)과 감각이 무딘 다섯 가지 활동감각(손, 발, 언어사용 능력, 생식과 배설 기관)으로 이루어져 있다.

우리는 대부분 마음의 의식적 측면을 기르는 방법을 아주 조금 알고 있을 뿐이다. 그러나 현자들은 더 깊은 명상법을 통해 무의식의 깊은 곳까지 들어가서 무의식의 잠재력을 질서 있게 사용하는 것을 배웠다. 이 위대한 현자들은 아주 단순하고도 체계적인 명상법을 통해 이것을 성취할 수 있었던 것이다. 그러나 안타깝게도 대부분의 인간은 짐승을 겨우 벗어난 정도의 의식 단계에만 머물러 있는데, 그것은 마음의 더 깊은 측면으로 어떻게 접근하는지 모르기 때문이다. 우리가 본성 깊은 곳에 숨겨진 내면의 보화를 인식하지 못하는 이유가 그것이다.

　의식적인 마음이 자신을 이해하도록 하려면 극복해야 할 장애물이 많다. 마음은 흐릿한 상태로 혼란스럽고 미숙한 채로, 모든 것이 변하고 바뀌는 것처럼 보이는 외부세계의 대상에만 초점을 맞추고 있다. 마음 자체가 혼란스럽기 때문에 외부세계에서 일어나는 일과 대상을 정확히 인지하고 기능하는 것을 배우는 일조차 많은 사람들에게는 매우 어려운 일이다. 그러나 마음을 정결히 하고 한 곳에 집중시키는 법을 아는 명상가들은 그렇지 않다. 그들은 감각 정보를 있는 그대로 수집하는 것이 가능하다. 이런 사람들은

명상 향상을 위한 프로그램

사물을 왜곡되고 흐트러진 방식으로 보지 않고 정확하게 볼 수 있기 때문이다.

의식적인 마음은 명상의 힘을 빌려 새로운 습관을 들일 수 있다. 의식적인 마음속에 생기는 해롭고 습관적인 생각을 흘려보내는 것을 배우면 성격을 완전히 바꿀 수 있다. 자신의 생각을 지켜보면서 마음이라는 기차의 창밖으로 스쳐 지나가는 감각, 느낌, 개념과 기억에 의해 흔들리지도, 영향을 받지도, 말려들지도 않도록 훈련해야 한다. 마음의 의식적인 측면을 다루는 것을 배우려면 3~4개월의 훈련이 더 필요하다.

사람은 때로 자기 마음을 자신이 통제하고 있다고 느낄 때가 있지만 사실은 그렇지 않다. 그 이유는 비록 우리가 의식적인 마음을 통제할 수 있다 하더라도 자신이 알지 못하는 강력하고 광범위한 무의식적 마음은 통제할 수 없기 때문이다. 무의식이란 우리의 행위, 활동, 욕망, 감정에서 얻어지는 느낌을 저장해 놓은 방대한 저장고다. 이렇게 잠재되어 있는 마음 차원은 보통사람에게는 수수께끼로 남아 있을 뿐이다. 의식적인 마음이 평온해진 것 같은 때에도 무의식으로부터 떠오르는 기억의 단편이 갑자기 마음을 흔들어, 조약돌 하나가 잔잔한 호수면에 파문을 일으키듯 흔들어 놓을 수 있다.

인간의 감정은, 마치 물 밑에서 힘차게 헤엄치는 상어처럼 다음의 수면 아래에서 움직이는 막강한 힘이다. 이 감정을 제대로 이끌어 주지 않으면 호수 전체를 더럽히고 말 것이다. 이 점을 유의하며 우리는 자기 자신을 참아 내는 것을 배워야 한다. 생각의 과정을 세심하게 관찰해 보는 것을 두려워하는 것은 큰 잘못이다 우리는 모든 두려움을 관찰해 보아야 한다. 그러면 대부분의 두려움은 상상에 의해 만들어지고 어리석은 것임을 알게 될 것인데, 이때부터 그것을 분석하는 묵상을 시작한다. 여러분은 평온함을 유지하는 동안 자기 생각을 면밀하게 살피는 능력을 얻게 될 것이다. 이렇게 마음이 명료해지고 나면 사마디samadhi를 얻을 준비가 된 것이다. 깊이 몰입한 명상상태를 지칭하는 사마디에는 여러 단계가 있다. 아무런 방해도 받지 않고 10분간 마음을 집중할 수 있을 때 여러분은 이 목표점인 사마디에 거의 다다른 셈이다.

삶의 근원적인 실제를 알고, 그 세계의 기쁨과 즐거움을 확인하고 그것을 원하는 사람은 누구나 명상 수행을 하지 않고는 진정으로 만족할 수 없다는 것을 깨닫게 된다. 명상은 지고(至高)의 기쁨을 준다. 명상을 하면 두려움이 사라진다.

명상의 마지막 단계는 침묵하는 것이다. 이 침묵은 말로 설명할 수 없는 불가해한 것이다. 이 침묵은 직관의 문을 활짝 열어 놓아 우리에게 과거, 현재, 미래를 드러내 보여 준다.

> 아주 오래 전 명상을 공부하는 한 학생이 현자(賢者)를 찾아갔다. 이 학생은 신의 본성 같은 철학적 개념에 대해 말하기 시작했다. 그러나 현자는 아무 말도 하지 않았다. 학생은 말을 계속하면서 많은 질문을 했지만 현자는 잠자코 있기만 했다. 결국 학생은 낙담한 채 자신의 물음에 왜 대답을 하지 않는지 현자에게 물었다. 그제야 그 스승은 빙그레 웃으며 부드럽게 말했다.
> "나는 계속 대답하고 있었다네.
> 하지만 자네는 듣지 않더군.
> 신은 침묵이시라네!"

히말라야와 인도의 다른 지역에서 연구를 진행하면서 나는 이 깊은 침묵의 경지를 즐기는 행복한 사람들을 만났고, 명상을 준비하는 사람들을 돕기도 했다. 육체와 호흡, 마음을 초월한 곳에 이 침묵이 있다. 침묵에서 평화와 행복, 지복(至福)이 퍼져 나간다. 명상을 하는 사람은 이 침묵을 자신의 거처로 삼는다. 그것이 바로 명상의 궁극적 목표인 것이다.

제7장

질의와 응답

질의 : 왜 '명상 음악'이 명상을 깊이 이끄는 데에 도움이 되지 않는다고 여깁니까?
응답 : 음악은 외부 자극으로, 명상의 내부 중심으로 초점을 맞추기보다는 여러분의 감각체계와 정신을 외부 인식으로 끌고 갑니다. 한 송이 장미나 잔잔한 음악같이 기분 좋은 외부 자극에 집중하면 마음이 편안하게 가라앉을 수도 있습니다. 그러나 이것은 가장 높은 의식상태의 내면으로 이끌어 주지 못할 것입니다. 음악은 다른 시간에 즐기시고, 음악으로 얻는 편안함을 명상과 혼동하지 마십시오.

질의 : 향이나 초를 사용하는 것은 필요하거나 도움이 됩니까?

응답 : 음악과 같은 이유로, 명상 중에 향을 피우는 것은 권장하지 않습니다. 그 냄새나 연기는 방해가 될 수 있습니다. 여러분이 원하신다면 명상하기 전에 좋은 분위기를 만들기 위해 약간의 향을 태워도 좋지만 명상을 시작할 때는 향을 끌 것을 권합니다.

비록 눈을 가볍게 감고 있다 할지라도 너울거리는 촛불은 상당히 방해가 될 수 있습니다. 너울거리지 않는 품질 좋은 초를 구해서 사용한다면 방해가 덜 될 것입니다. 그렇더라도 여러분은 초에 집중하는 것이 아니므로 외부의 빛이 필수적인 것은 아닙니다.

질의 : 세상에는 다른 명상 전통과 기술이 많이 있는 것 같습니다. 어떤 차이가 있습니까? 또한 어느 기술이 저에게 가장 좋은지 어떻게 알 수 있습니까?

응답 : 모든 명상 전통은 학생들이 그들 자신의 가장 깊은 본성을 찾을 수 있게 돕습니다. 겉으로 보기에 다른 여러 기술은, 어떤 산을 오를 때 여러 등산로가 있는 것

에 비유할 수 있습니다. 각각의 등산로에서 볼 수 있는 풍경은 서로 다를 수 있지만 산꼭대기의 궁극적인 경험은 같습니다.

어떤 명상 수행에서는 만트라를 사용합니다. 또 다른 전통에서는 호흡에 초점을 맞춘 다른 수행을 합니다. 여러분이 어떤 수행을 선택하든지 그것을 규칙적으로 그리고 성실하게 하는 것이 중요합니다. 각자 개성, 성향, 능력이 다르기 때문에 개개인에게 적합한 기술이 다양하고 다를 수밖에 없습니다. 한 가지 기술을 배우고, 그것을 지속적으로 적용하고, 그 수행에서 각자 반응이 어떤지를 관찰하십시오.

오직 호흡을 인식하는 것만을 하는 명상 수행은 충분하지 않습니다. 왜냐하면 수행을 열망하는 사람은 의식과 무의식적인 마음까지 뛰어넘는 것을 배워야 하기 때문입니다. 어떤 전통에서는 학생을 의식과 무의식의 마음 너머로 이끌어 주지만, 오직 호흡 인식만으로 제한하는 경우도 있습니다. 편안하고 안정적인 자세를 익힌 다음 호흡을 인식하는 것이 필수적입니다. 그러나 인간은 생각하는 존재이기에 마음의 다양한 단계를 다루는 것도 무시할 수 없습니다. 그러므로 마음의 모든 단계를 넘도록 학생을 이끌어 주는 기술이 더 수준 높은 명상 방법입니다. 우리는 다른 명상기술을 비판하지 않습니다. 완전한 기술도 있지만 그렇지 않은 것도 있습니다.

언젠가는 다양한 정도와 단계를 통해 흐르는 의식의 근원인 자신의 본성을 깨달아야 합니다. 의식의 중심은 몸과 감각, 호흡과 마음 너머에 있습니다. 그러므로 가장 깊은 자기 존재를 경험하는 데 장애가 되는 모든 것을 없애도록 이끌어 주는 포괄적인 것이 최상의 방법입니다.

질의 : 서로 다른 기법이 많이 있을 뿐만 아니라 헌신의 길이나 실행의 길과 같은 여러 길이 있습니다. 어느 것을 따라야 할까요?

응답 : 수행에는 수많은 길이 있습니다. 그러나 목표는 오직 하나입니다. 내면의 만족감을 찾을 수 있는 길이 여러분의 길입니다. 어떤 길이 자신에게 좋은지 깨달아야 합니다.

질의 : 명상 시간을 맞추기 위해 자명종 시계를 사용해야

합니까?

응답 : 여러분은 처음부터 제시간에 일어나서 10분, 15분, 또는 20분간 명상을 하겠다고 결심하는 의지의 힘(*sankalpa shakti*)을 강화하는 것을 배워야 합니다. 시간을 가장 잘 지키는 것이 마음입니다. 명상이 진보함에 따라 명상을 하기 위해 마음이 여러분을 깨울 것입니다. 여러분이 정해진 시간에 깨어나서 명상하기를 결심하면 사실 외적인 것은 필요하지 않습니다.

일반적으로 명상하는 시간을 재기 위해 자명종 시계는 필요하지 않습니다. 잠자는 상태와 달리 명상 중에 여러분은 시간의 흐름을 놓치지 않고 의식할 것이기 때문입니다. 또한 귀에 거슬리는 자명종 소리로 조용한 명상을 끝내게 되면 오히려 기분이 좋지 않을 수도 있습니다. 시간에 신경이 쓰인다면 브이는 곳에 시계를 두십시오. 그러면 여러분은 시간을 확인할 수 있습니다. 더 나은 방법은 시간의 압박을 느끼지 않는 명상 시간을 마련하는 것입니다. 여러분이 해야 할 일이 없는 이른 아침이나 저녁에 명상을 하십시오.

질의 : 다리가 아프거나 저리기 시작하면 어떻게 해야 합니까?

응답 : 그런 일은 구도자가 신체적 운동을 충분히 하지 않았을 때 종종 일어납니다. 명상 전후에 스트레칭을 하면 며칠 후에는 달라진 것을 알게 될 것입니다. 그래도 계속 발이 저리다면 발을 뻗어 몇 분 동안 자세를 바꾸어 줍니다. 다리 근육을 마사지하거나 스트레칭을 해 보고 편안함을 느끼면 본래 자세로 다시 돌아가십시오. 시간을 정해 놓고 편안하게 앉아 있는 습관을 만들어 가면 점차 앉아 있는 시간이 늘어나는 것을 알 수 있습니다. 그리고 몇 달 후에는 몸이 처음에 느꼈던 불편함을 느끼지 않게 될 것입니다.

대부분의 현대인들은 바닥에 앉아서 지내는 시간이 많지 않기 때문에 어떤 자세는 처음에 불편할 것입니다. 하지만 여러분이 명상자세에 익숙해짐에 따라 점점 자연스럽고 편안해질 것입니다. 처음에는 바닥에 앉는 것에 (또는 새로운 운동을 시작할 때) 몸이 적응하기가 어려운 것은 당연합니다. 그렇지만 여러분의 몸을 고통의 한계점 너머로 밀어 넣지 말아야 한다는 점을 기억하십시오. 명상을 수행하기 전후에 하는 신체 운동은 혈액순환이 잘 되게 도와줍니다.

질의 : 명상을 할 때 때로는 좋지만 때로는 산만하기만 합니다. 어떻게 하면 이런 상태를 해결할 수 있습니까?
응답 : 여러분의 마음이 세속적인 관심과 욕망에 사로잡혀 있으면 명상의 경험이 방해를 받습니다. 이런 경우 여러분의 주의를 끌려는 모든 생각을 버리겠다는 확고한 결심을 북돋아야 합니다. 그러므로 명상자세로 앉기 전에 굳게 결심하는 것과 호흡을 주시하여 여러분의 의식을 고양시키는 것이 중요합니다. 장점과 단점의 저장소인 무의식에서 의식적인 마음으로 들어오는 어떤 생각에도 방해받지 않겠다는 결심을 하십시오. 심상, 느낌, 생각과 흥미에 영향을 받지 않고 생각의 과정을 지켜볼 수 있게 되면 좋든 나쁘든, 도움이 되든 안 되든 그 어떤 생각도 여러분을 방해할 수 없습니다.

질의 : 때로 몸이 근질거리거나 머리가 한쪽으로 기울거나 다른 증상-하품이 나고 눈물이 흐르거나 침을 삼켜

야 하는-이 생기는데, 이런 방해요소들을 확실하게 다루는 방법은 무엇입니까?

응답 : 그런 방해요소는 명상의 초기단계에서 생깁니다. 과식하지 않고, 마음을 차지하고 있는 생각들을 벗어나는 것을 배우고, 몸을 주시한다면 그런 문제는 막을 수 있습니다.

질의 : 저는 왜 명상하는 동안 두려움을 느끼는 걸까요?
응답 : 그것은 종종 생각의 진행과정을 분석하고 이해하는 것을 피하면서 자의식으로부터 벗어나기를 원하는 사람이나, 어떤 욕구나 억압된 사고를 인지하지 않으려는 사람에게서 자주 일어납니다.

사실 명상을 할 때에는 항상 안전합니다. 왜냐하면 가장 깊은 곳인 불멸의 진실에 가까워질수록 점점 더 안전해지기 때문입니다. 명상을 하는 동안 숨겨진 욕구와 억압된 느낌이 나타나고 의식하게 되는 것은 사실입니다. 그러나 구도자는 내적 힘을 길러야 하며, 그런 것들이 의식으로 들어오게 해야 합니다. 그런 다음 그것을 놓아버리는 방법을 배움으로써 여러분 마음에 계속 방해물이 되지 않도록 해야 합니다. 확고한 결심으로 지속적이고 규칙적으로 성실하게 노력을 기울이는 명상 수행은 결국 그런 장애를 극복할 수 있게 도와줍니다.

질의 : 자파-japa가 무엇입니까? 명상을 깊게 하는 데 어떤 도움을 줍니까?

응답 : 자파는 만트라를 마음속으로 계속 암송하는 것입니다. 이것은 마음이 의식의 중심을 인식하도록 집중하게 도와주는 도구입니다. 누구든지 어떤 상황이나 조건에서도 언제나 자파를 할 수 있습니다. 자파를 하는 가장 좋은 방법 중의 하나는 혀를 움직이지 않고 만트라를 암송하는 침묵 기법입니다. 마음은 바람직하건 그렇지 않건 간에 세상의 일이나 대상을 생각하고 집착하는 습관을 가지고 있습니다. 자파를 하느라 마음을 바쁘게 하는 것은 그런 경향을 없애는 유용한 수행입니다. 자파가 아자파 자파(ajapa japa, 자발적이고 힘들이지 않게 저절로 계속되는 자파)가 될 때 그것은 내면의 평안과 즐거움, 평화와 행복을 만들어 냅니다. 자파를 단순한 기계적 암송이 아니라 감정을 가지고 행하면 그것을 배우는 사람에게 환희

(*mahabhava*)를 가져다줍니다.

세상의 모든 영적 전통에서는 나름의 자파가 권장됩니다. 그것은 명상 구도자를 도와주는 훌륭한 버팀목 역할을 합니다. 자파는 묵주처럼 구슬로 만들어진 말라(*mala*, 염주)를 사용하거나 정신만으로도 할 수 있습니다. 말라를 사용한다면 만트라를 반복할 때마다 염주알을 하나씩 움직입니다.

질의: 명상과 정신적 자파의 다른 점은 무엇입니까?
응답: 자파는 변치 않는 동반자처럼 명상가를 도와 모든 방해의 장벽을 넘어 침묵상태에 도달할 수 있게 이끌어줍니다. 침묵은 노력하여 얻는 모든 것 중에서 가장 위대한 것입니다. 이것은 우리를 내면의 진실과 자아, 모든 이의 자아, 범우주적 진실이 충만한 의식과 깨달음에 머무르게 하는 경험이 됩니다.

질의: 식이요법과 성적(性的)인 활동이 명상에 영향을 줍니까?
응답: 물론 그런 요소는 명상에 영향을 줍니다. 그래서

마음이 성적 즐거움을 찾아 방황하고 집착하지 않도록 해야 합니다. 성(性)은 어느 정도 나이까지는 생물학적으로나 정서적으로 필요한 것입니다. 하지만 이것이 우리 삶에서 우선시되거나 주요 목적이 되어서는 안 됩니다. 음식에 관해 말하자면, 명상을 하는 학생을 위해서는 간단하고 신선하며, 영양이 풍부하고, 너무 많이 조리하지 않은 것을 최고로 여깁니다. 하지만 비록 영양이 풍부하고 건강에 좋은 음식일지라도 과식은 건강이나 명상에 도움이 되지 않습니다. 배가 고플 때나 식사 직후에 명상을 해서는 안 됩니다.

질의 : 제가 선생님이 필요한 때를 어떻게 알 수 있으며, 또 어떻게 그 선생님을 찾을 수 있습니까?

응답 : 구도자가 외부세계 대상들의 순간적이고 일시적인 속성을 관찰하기 시작하면 그는 더 이상 그것에 만족할 수 없음을 알게 됩니다. 그래서 삶의 목적에 의문을 가지기 시작하고, 그런 다음 스스로 내면의 상태를 이해하려고 애쓰게 됩니다. 이런 구도자는 흔히 현인의 말씀을 공부합니다. 이것이 구도자가 자신의 지도자가 필요

하다는 것을 느끼고 찾는 시기입니다. 구도자가 가장 깊숙한 곳의 진실을 알고자 하는 불타는 욕구를 가지고 있을 때 진실하게 찾고, 준비가 되면 스승이 나타난다는 고대로부터 내려오는 말이 있습니다.

진정한 스승이란 이기심이 없으며, 학생의 마음상태를 잘 알고, 그에 따라 자신에게 맞게 이끌어 주는 이라는 것을 알아야 합니다. 스승을 찾지 마십시오. 먼저 여러분 자신이 준비가 되면 스승은 올 것입니다. 이기적이고 위압적이거나 학생을 이용하는 스승은 그 누구도 이끌 수 없습니다. 헌신적이고 경험이 풍부하며, 항상 명상을 수행하는 스승은 실제로 학생이 그 길을 밟아갈 준비가 되었는지 아닌지를 알 수 있습니다. 자격을 갖춘 스승은 신으로부터 받은 영광의 선물이라는 것도 사실입니다.

저는 구도자에게 스승을 찾아 여기저기 헤매고 다니는 것보다는 오히려 자신의 마음, 행동, 말을 바라봄으로써 스스로 준비해야 한다고 충고합니다. 모든 사람의 내면에는 스승이 있기 때문입니다. 그리고 그것은 그들 자신의 의식인 것입니다. 만약 우리 내면의 스승을 무시하면 외부의 스승은 우리에게 아무 소용이 없게 될 것입니다.

자신의 양심에 귀 기울이는 법을 배우는 것은 영적인 길을 위한 훌륭한 준비입니다.

따 때로 에고ego가 앞으로 나서서 우리를 잘못 인도합니다. 마음은 많은 속임수를 쓰는 마술사입니다. 그러나 진실한 구도자는 내면의 지시를 받아들일 때 그것이 양심에서 오는 것인지 기만적이거나 자기본위적 성격의 한 부분에서 오는 것인지를 인식하는 법을 배우게 될 것입니다. 저는 학생들에게 위대한 진아(眞我) 안에서 기도하라고 충고합니다. 왜냐하면 진심으로 기도하는 사람은 항상 대답을 들을 수 있기 때문입니다.

질의 : 학생들은 자신이 발전하고 있다는 것을 어떻게 알 수 있습니까?

응답 : 영적인 길에서 발전은 외부세계의 발전과 같지 않습니다. 내면의 길에서 발전은 평화롭고 즐거운 마음을 발달시키는 것입니다. 동요하거나 흥분되는 것을 느끼지 않게 되는 내면의 경험은 구도자가 발전하고 있다는 표시로서 충분한 것입니다. 이런 구도자는 영적인 구도의 길에서 비슷한 목표를 공유하는 사람들을 만나게 되

어 있습니다. 왜냐하면 자신과 비슷한 것에 마음이 끌리는 것은 자연스러운 법칙이기 때문입니다.

질의 : 명상이 감정적 문제를 치유할 수 있습니까?
응답 : 명상은 체계적으로 실행한다는 전제하에서는 모든 치료방법 중에서 최상의 방법입니다. 구도자는 점진적으로 자신의 문제, 두려움, 습관의 유형을 다루는 것을 배우게 됩니다. 모든 인간은 스스로 진보할 수 있으며, 자신의 길을 확고한 결심과 성실함을 가지고 따른다면 아주 심각하고 큰 문제도 다룰 수 있습니다. 만약 여러분이 인간적 노력을 전부 기울였는데도 여전히 내면의 평화를 찾지 못했다면 생명의 신께 여러분 자신을 내맡기십시오. 이러한 자기 포기는 모든 방법 중에 가장 귀중한 것입니다.

질의 : 명상을 수행할 때 어떤 위험이 있습니까?
응답 : 명상은 전혀 위험하지 않습니다. 그러나 준비되어 있지 않았다면 눈을 감고 망상상태로 앉아 있는 것은 순전히 시간과 에너지의 낭비입니다. 우리는 전체적인

방법을 알아야 하며, '내면을 볼 수 있는 사람'이 될 수 있도록 점진적으로 훈련을 해야 합니다. 우리는 대부분 외부세계의 일만을 보고 배우고 확인할 수 있도록 배웠습니다. 내면을 보고, 알고, 이해하는 것을 배운다는 것은 완전히 다른 길입니다. 그러므로 체계적으로 명상 수행법을 배우는 것은 이롭습니다.

많은 스승이 자신의 방법은 지름길이고 다른 이들의 방법은 오래 걸린다고 주장합니다. 지름길이나 오래 걸리는 과정이란 것은 없습니다. 그것은 온전히 학생의 능력과 성실함과 결심에 달려 있습니다. 그러한 선전, 광고, 선동에 흔들리지 마십시오. 여러분 스스로 공부하십시오.

질의 : 깊은 명상상태의 징후는 무엇입니까?

응답 : 명상은 마음을 한 곳에 모아 집중하게 해 주고 내면으로 향하게 해 줍니다. 여러분의 일상적인 의무와 상충하지 않도록 조정해서 규칙적으로 정확한 시간에 명상 수행을 하게 되면 여러분은 특별한 보상을 받게 됩니다. 마음은 통찰력이 생기고, 집중되고, 삶의 섬세한 차원을 탐색하기 시작합니다. 이러한 것들이 깊어진 명상

의 징후입니다.

질의 : 만트라에 대한 지각을 어떻게 개발할 수 있습니까?
응답 : 처음에는 간단하게 만트라 암송의 기술을 따르십시오. 나중에는 이러한 습관이 여러분 삶의 일부가 되고 즐거움을 경험하게 될 것입니다. 사실 이런 습관을 사랑하고, 자파가 여러분 삶에서 변함없는 습관이 될 때, 여러분은 만트라에 매료되고 즐거움을 느낄 수 있습니다.

질의 : 명상의 마지막 결과는 무엇입니까? 우리는 무엇을 기대할 수 있습니까?
응답 : 모든 책에서 그 마지막 결과는 사마디*samadhi*라고 이야기합니다. 사마디의 유형은 다양합니다. 그러나 명상가는 지고(至高)의 지혜를 얻는 상태에 이를 수 있다고 말할 수 있습니다. 이 상태에서 마음은 어떤 질문도 하지 않고 또 할 필요도 없습니다. 왜냐하면 모든 질문에 이미 답이 주어졌고, 모든 문제가 해결되었기 때문입니다. 이러한 즐거운 마음상태는 외부세계에서도 고요함을 가져오고, 내면에는 영원한 평화를 가져옵니다. 이렇

게 되면 명상가는 매순간 진리에 대한 자각을 유지하고 두려움이 없어지게 됩니다. 그는 모든 숨 속에서 생명의 신을 기억하고, 세속적인 동요에 영향을 받지 않는 세계를 살기 때문입니다.

질의 : 성실한 학생이 마지막 목표에 이르기까지 얼마만큼의 시간이 걸리겠습니까?

응답 : 그것은 명상 수행에서 유지하는 정확함과 규칙성뿐간 아니라 그 학생의 내적 자질과 결심의 강도에 따라 다릅니다. 어떤 학생은 최고의 상태를 얻기를 갈망하며 흥분하고 감정적이 됩니다. 이런 학생은 며칠 동안 열정적으로 수행을 합니다. 그러나 곧 흥미가 사그라지고 수행을 그만두게 됩니다. 하지만 굳은 결심으로 명상을 규칙적으로 수행하면서 꾸준히 해내는 학생은 최상의 지혜를 아주 빠른 시간에 얻게 됩니다. 구도자는 내적 경험에 대한 많은 환상과 욕망, 또한 기적에 대한 기대를 갖고 있습니다. 그러나 이러한 것들이 도움이 되지 않는다는 것을 이해하게 되면 그는 그런 기대를 버리고 망상의 늪을 넘어서 빛의 길을 걸어가게 될 것입니다.

부록 1

이완 훈련

긴장/이완 훈련법

이 훈련은 하타요가 수업을 시작하기 전에 3분 정도 시행한다.

하타요가 자세와 호흡 훈련, 명상 훈련을 하는 동안 몸과 마음의 긴장이 풀릴 때까지 몇 주 동안 연습을 계속한다.

기법

시체자세로 누워서 눈을 감고 온몸을 편안히 하고 호흡을 고르게 한다.

얼굴의 모든 근육을 잔뜩 긴장시켜 코끝으로 모은다. 그런 다음 긴장을 풀고 이완한다.

눈을 살짝 감고 훈련이 끝날 때까지 유지한다.

머리를 좌우로 가볍게 여러 번 흔들어 목의 긴장을 푼다.

양어깨를 앞으로 당긴다. 그런 다음 어깨를 바로하면서 힘을 빼고 긴장을 푼다.

오른팔을 아주 부드럽게 힘을 주어 긴장하되 주먹을 쥐거나 팔이 바닥에서 들리지 않게 한다. 외부 근육에만 집중하지 말고 마음속으로 근육의 내부 구조에도 집중한다. 그런 다음 힘을 빼고 긴장을 푼다.

왼팔도 같은 방법으로 긴장시켰다가 이완한다.

허리와 엉덩근육을 힘주어 긴장시켰다가 힘을 빼고 긴장을 푼다.

오른쪽 다리도 팔과 같은 방법으로 긴장시켰다가 이완한다.

왼쪽 다리도 같은 방법으로 반복한다.

그런 다음 발가락에서 다리, 몸통, 팔, 목, 머리까지 차례로 긴장을 풀어나간다.

완전 이완 훈련

명상을 시작하기 전에 집중해서 이완 훈련을 하면 도움이 된다. 이 훈련에는 많은 기법이 있는데, 그 중 한 가지는 골격근육을 이완하고, 피로감과 긴장을 없애서 몸과 마음에 활력을 불어넣는 것이다. 이 훈련을 하면서 근육이 점진적으로 이완되는 동안 맑은 정신으로 호흡에 집중한다.

처음에는 이 훈련을 10분 정도만 해야 하는데, 10분이 지나면 마음이 산만해지고 잠에 빠져드는 경향이 있기 때문이다.

기법

시체자세로 누워서 눈을 가볍게 감는다.

숨은 코를 통해서 천천히 부드럽게 그리고 깊이 쉰다. 숨 쉴 때는 소리가 나지 않게 부드럽고 멈춤 없이 쉰다. 들숨과 날숨은 자연스럽고 격렬하지 않게 하나의 연속 동작으로 한다.

몸은 움직임 없이 유지한다.

의식을 몸으로 옮겨 정수리, 이마, 눈썹, 미간, 눈, 눈꺼풀, 뺨과 코로 이동하면서 이완한다. 그리고 완전하게 가로막호흡으로 네 번 숨을 들이쉬고 내쉰다.

숨을 내쉬고 입, 턱, 턱끝, 목, 어깨, 위팔(어깨부터 팔꿈치까지의 부분), 아래팔(팔꿈치부터 손목까지의 부분), 손목, 손, 손가락, 손가락끝 순서로 이완한다. 마치 손가락끝에서 위쪽으로 팔, 어깨, 얼굴에서 숨을 들이쉬듯 느끼고, 다시 반대로 내려가면서 손가락끝으로 내쉬는 듯이 호흡한다. 그리고 네 번 숨을 들이쉬고 내쉰다.

손가락끝, 손가락, 손, 손목, 아래팔, 위팔, 어깨, 윗등과 가슴 순으로 이완한다. 가슴 중앙에 집중하고 숨을 네 번 깊이 완전하게 들이쉬고 내쉰다.

배, 아랫등, 허리, 엉덩이, 허벅지, 무릎, 장딴지, 발목, 발 그리고 발가락 순으로 이완한다.

몸 전체가 숨을 내쉬고 들이쉬듯이 호흡한다. 모든 긴장, 걱정, 근심을 떨쳐버린다. 생기 넘치는 에너지, 평화, 편안한 기분을 들이마신다. 그리고 완전하게 들숨과 날숨을 네 번 쉰다.

발가락, 발, 발목, 장딴지, 무릎, 허벅지, 엉덩이, 허리, 아랫등, 배와 가슴 순서로 이완한다. 가슴 중앙에 집중하고 네 번 깊이 완전하게 숨을 들이쉬고 내쉰다.

윗등, 어깨, 위팔, 아래팔, 손목, 손, 손가락, 손가락끝 순으로 이완한 후 네 번 들숨과 날숨을 완전히 쉰다.

손가락끝, 손가락, 손, 손목, 아래팔, 위팔, 어깨, 목, 턱끝, 턱, 입, 콧구멍 순으로 이완한 후 네 번 숨을 쉰다.

뺨, 눈꺼풀, 눈, 눈썹, 미간, 이마, 정수리 순으로 이완한다.

그리고 30~60초간 호흡의 흐름을 고요하고 조용하게 마음으로 의식한다. 마음을 편안하게 하고, 의식적으로 호흡을 하려고 노력해서 소리나 끊김 없이 부드럽고 깊게 유지한다.

천천히 그리고 부드럽게 눈을 뜬다.

기지개를 켠 후 고요하고 평화로운 이 느낌을 하루 종일 갖도록 노력한다.

부록 2

호흡 훈련

　입문 학생을 위한 호흡 훈련 기법은 많다. 여기서는 명상자세로 이완된 가로막호흡으로 이끄는 기초적인 연습법을 다시 살펴본다.

서서 하는 완전 호흡-스트레칭 준비
　서서 하는 완전 호흡은 폐의 용적을 확장하고, 몸과 마음을 활기 있게 만드는 것을 도와준다. 운동을 하는 동안 숨은 입으로 쉬지 말고 코로 쉰다. 가능하면 창문을 열어 놓고 하거나 신선한 공기가 있는 야외에서 연습한다.
　이 운동을 하는 동안 유리컵에 물이 채워지고 비워지는

것을 마음속으로 그려 본다. 유리컵이 물로 채워지면 수면은 위로 올라가고, 비워지면 바닥으로 내려간다. 마찬가지로 숨을 들이쉴 때 폐는 윗부분까지 채워진다고 상상하고, 내쉴 때 바닥까지 비워진다고 마음속으로 그려 본다.

기법

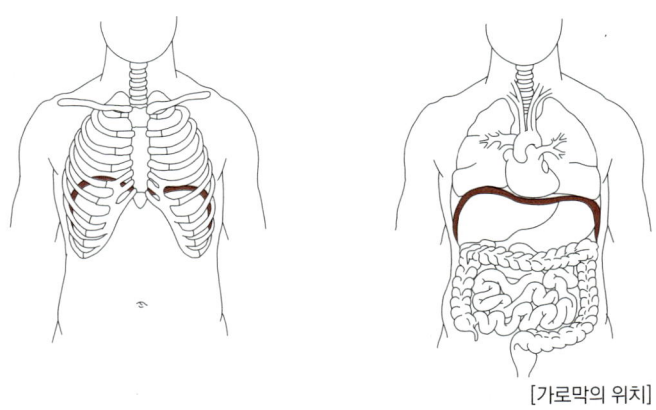

[가로막의 위치]

서 있는 채로 숨을 들이쉬면서 팔을 옆으로 들어 뻗으면서 천천히 머리 위까지 올려 기도하듯이 두 손바닥을 맞닿게 한다. 팔을 들어 올리면서 폐의 아랫부분, 그 다음 중간부분, 그리고 윗부분이 채워진다고 생각하며 숨을 쉰다.

팔을 천천히 내리면서 숨을 내쉬는데, 폐의 윗부분부터

중간 그리고 아랫부분이 비워지듯이 한다.

이 과정을 2~5회 또는 그 이상 반복한다.

가로막호흡

가로막호흡의 연습은 세 단계로 아래어 요약한다.

1. 누워서 하는 훈련(시체자세)

등을 대고 누워, 갈비뼈는 상하로 움직이지 않게 하면서 배꼽 부위는 들숨을 쉴 때 올라가고 날숨을 쉴 때 내려가게 한다. 이 호흡을 복식호흡이라고도 하는데, 이것이 가로막 호흡의 완성은 아니며, 가슴으로 호흡하는 나쁜 습관을 없애 주는 데 효과가 있고, 가로막 수축의 효과를 인식하게 해 준다. 이 호흡을 연습하면서 깊은 호흡, 부드럽고 고르며, 숨소리가 없고 끊김 없는 건강한 호흡을 시작할 수 있다. 가로막을 튼튼하게 하려면 이 자세에서 모래주머니를 사용하면 된다.

기법

낮은 베개로 목과 머리를 받친 후 시체자세로 눕는다.

발은 30㎝ 정도 벌리고, 손바닥이 하늘을 향하게 하며, 양팔은 몸에서 약간 떨어지게 놓는다.

눈을 감고 몸을 편안히 한다.

가슴과 갈비뼈가 거의 움직임이 없을 때까지 갈비 사이 근육을 이완해서 쉬게 한다. 그리고 숨결을 관찰한다. 호흡할 때 배가 오르락내리락하는 것을 관찰한다. 배를 불쑥 내밀지 말고 가로막이 수축해서 다리 쪽으로 내려오면서 숨을 들이쉬게 한다. 날숨에서도 같은 방법으로 배가 꺼지는 것을 관찰한다.

들숨의 끝과 날숨의 끝에서 이완하여 다음 숨이 시작되게 한다. 들숨은 끊어짐 없이 자연스럽게 날숨으로 이어지게 하고, 날숨도 끊어짐 없이 들숨으로 이어지게 한다.

숨은 깊고 부드럽게 쉰다. 호흡을 조절한다고 너무 힘을 주어 쉬려고 하거나 흐느끼듯 쉬지 않도록 한다. 각각의 들숨과 날숨은 같은 길이로 쉰다. 숨결이 깊어지고 느려질수록 소리를 내지 말고 쉬도록 한다.

마지막으로, 몸이 숨 쉬고 자신이 관찰하는 것처럼 숨결을 보고 또 관찰해서 마음을 편히 하고 숨결 살피기를 5분간 더 한다.

2. 악어자세로 하는 훈련

악어자세로 엎드리면 갈비뼈 아랫부분이 호흡에 따라 자유롭게 움직이는 것을 알 수 있다. 갈비뼈는 들숨에서 팽창하고 날숨에서 수축한다. 엎드려서 숨을 쉬면 등도 호흡에 따라 올라갔다 내려가는 것을 느낄 수 있다. 등의 옆부분을 관찰해 보면 복식호흡에 이 호흡을 추가할 때 가로막 호흡이 더욱 완벽하다는 것을 느낄 수 있다.

기법

엎드려서 팔을 머리 위로 뻗은 후 접어서 왼손을 오른쪽 팔꿈치 위에 놓고 오른손을 왼쪽 팔꿈치 위에 놓은 다음, 이마를 오른쪽 아래팔 부분에 놓는다. 다리는 붙이거나 적당히 벌리고 엄지발가락은 안쪽 또는 바깥쪽을 향하게 한다. 그리고 온몸의 기운을 뺀다.

숨 쉬기를 관찰하면서 숨결에 따라 허리 아래가 위아래로 오르락내리락하는 것을 느껴 본다. 허리는 들숨에서 올라가고 날숨에서 내려갈 것이다.

그 다음 갈비뼈 옆부분을 보면 갈비뼈는 들숨에서 팽창하고 날숨에서 수축한다. 마지막으로 복부는 들숨에서 마롯바닥을 누르고 날숨에서 수축하는 것을 관찰한다.

숨을 쉬는 동안 상체의 아랫부분-허리, 옆구리와 배-의 움직임을 관찰한다. 5분간 계속 호흡을 관찰하면서 신경계통과 마음이 이완하도록 한다.

3. 앉아서 하는 훈련(명상자세)

앉은 자세에서는 자세를 유지하기 위해 배와 허리 아래 근육은 중간 정도로 긴장한다. 이것은 호흡에 영향을 끼친다. 그러나 악어자세에서는 들숨에서 몸의 앞부분, 옆부분과 뒷부분이 팽창한다. 앉은 자세에서는 갈비뼈 아랫부분의 측면 팽창은 주목할 만큼 현저하지만, 복부의 움직임은 덜하고, 허리는 매우 적게 움직인다.

기법

명상자세로 몸의 긴장을 풀고 편안하게 앉는다. 가슴, 허리, 배 근육의 긴장을 푼다.

숨결을 관찰하여 들숨에서 몸통 아랫부분이 팽창하고, 날숨에서 수축하는 것을 느껴 본다. 숨 쉬기에 따라 옆으로, 앞으로, 그리고 뒤로 팽창하는 것을 살펴본다.

누웠을 때브다 복부의 움직임은 덜 하다. 그러나 측면으로 팽창하는 움직임은 더욱 두드러진다.

앉은 자세에서 가로막호흡의 느낌을 알아차리는 법을 익히며, 계속해서 5분간 더 호흡을 주시하고 이완한다. 그러는 동안 호흡을 계속 의식하며, 생각은 흘려보낸다.

용어 해설(가나다 순)

- 나디 *nadi* : 몸의 섬세한 에너지 통로
- 나디쇼다남 *nadi shodhanam* : 문어적 의미는 '나디 정화하기'. 교호호흡. 상급 프라나야마 수행을 위한 준비로, 나디를 정화하는 호흡 훈련
- 디야나 *dhyana* : 명상
- 라자요가 *raja yoga* : 문어적으로는 '왕도(王道)'. 파탄잘리의 경전 「요가수트라」에 기술된 요가의 8단계
- 마나스 *manas* : 마음의 네 가지 기능 중 하나로, 감각을 통해 외부로부터 정보를 받아들이는 일
- 마이트리 아사나 *maitri asana* : 우정자세. 의자에 앉는 명

상자세
- 마하바바_mahabhava_ : 황홀경의 상태
- 만트라_mantra_ : 특별한 진동에너지로, 하나의 음절 또는 낱말로 이루어진다.
- 무드라_mudra_ : '손가락 잠금' 같은 어떤 몸짓으로 깊은 명상을 하기 위해 사용한다.
- 바바_bhava_ : 감정. 기분. 헌신하는 마음이나 느낌
- 반다_bandha_ : 잠금. 프라나를 인도하거나 멈출 목적으로 적용하는 몸 내부의 수축과 조이는 작용
- 붓디_buddhi_ : 지성의 정신적 능력. 붓디는 앎, 분석, 결정하는 세 가지 기능이 있다.
- 사다나_sadhana_ : 영적 훈련. 자아실현을 향한 훈련
- 사마디_samadhi_ : 영적 몰입. 라자요가의 여덟 번째 단계
- 삼스카라_samskara_ : 과거 행동에 의해 남겨진 미묘한 인상
- 상칼파 샥티_sankalpa shakti_ : 역동적 의지나 결심하는 정신적 힘
- 샤와사나_shavasana_ : 시체, 시체자세. 이완을 하기 위해 눕는 자세
- 샨티_shanti_ : 평화

- 수카사나sukhasana : 편한자세. 쉬운자세
- 수슘나sushumna : 주된 중앙 에너지통로로, 척수의 아랫 쿠분부터 정수리까지 통해 있는 통로
- 스와로다야swarodaya : 고대 호흡과학
- 스와스티카사나swastikasana : 행운자세 또는 상서로운 자세로, 명상자세 중 하나
- 싯다사나siddhasana : 성취자세 또는 달인자세
- 싯디siddhi : 완성. 달성
- 아사나asana : 문어적으로는 '앉는 자세' 또는 '자세'를 의미하는 요가 동작으로, 라자요가의 8단계 중 세 번째 단계
- 아자파 자파ajapa japa : 자신의 만트라에 대한 암송이 자연스럽게 되는 것.
- 아트만Atman : 순수 의식. 진아(眞我). 속세를 뛰어넘는 불변의 진리
- 아함카라ahamkara : 일반적으로 에고ego로 번역된다. 마나스, 붓디, 칫타, 아함카라는 마음의 네 가지 기능을 함께 구성한다. 이를테면 '이것이 내 몸이다'라는 느낌, 즉 외부 대상물과 자신을 동일시하는 것을 말한다.

- 옴*Aum* : 절대Absolute를 대변하는 소리. 요가 경전 「우파니샤드」에 의하면 AUM이라는 낱말은 세 글자로 되어 있는데, 'A'는 깨어 있음, 'U'는 꿈꾸는 상태, 'M'은 깊은 잠을 자는 상태를 나타낸다. AUM이 발성된 후 잠시 침묵이 오는데, 그것은 일반적 의식의 이런 세 가지 상태를 뛰어넘는, 의식의 절대적이고 초월적인 실재를 나타낸다. 가장 고귀하고 높은 경지의 만트라로서, 최상의 자각과 지식의 상징이다.
- 옴*Om* : 옴*Aum*을 보라.
- 요가*yoga* : 합일을 의미하며, 산스크리트어의 '*yuj*'에서 파생됨.
- 요가 수트라*yoga sutra* : B.C. 200년 경 성자 파탄잘리가 체계화한 라자요가 매뉴얼
- 이다*ida* : 척수에서 흘러나오는 주된 세 가지 에너지 중 하나. 왼쪽 콧구멍 속의 호흡을 조절한다.
- 자파*japa* : 개인 만트라의 암송
- 칫타*chitta* : 감각에 의해서 모인 모든 인상이 쌓여 있는 무의식적 마음의 저장소
- 쿤달리니*kundalini* : 기본적 생명에너지 또는 내면의 불

- 크리야kriya : 행동. 활동. 크리야 요가는 행동의 길을 의미한다.
- 타뜨와tattva : 원소. 다섯 개의 물리적 원소인 지, 수, 화, 풍, 공
- 트라타카trataka : 집중을 강화하기 위한 응시
- 파드마사나padmasana : 연꽃자세. 호흡 훈련을 위한 자세
- 파탄잘리Patanjali : 요가과학을 체계화한 성자
- 프라나prana : 생명에너지
- 프라나야마pranayama : 라자요가의 네 번째 단계로, 임의로 프라나의 힘을 조절하는 기법
- 핑갈라pingala : 세 가지 나디 중 하나로, 오른쪽 콧구멍 속의 호흡을 조절한다.
- 하타요가hatha yoga : 라자요가의 세 번째 단계로, 신체 건강을 발달시키는 과학적 요가자세

스와미 라마 Swami Rama

히말라야 성자들의 계승자

사다나 만디르 아쉬람(Sadhana Mandir Ashram)의 창시자인 스와미 라마는 인도 북부에서 태어나 일찍부터 어린 시절을 히말라야의 현자인 벵갈리 바바와 함께 보냈다. 그는 수도원에서 수도원으로 다니면서 티벳에서 멀리 떨어진 곳에 살던 그의 옛 스승을 포함하여 히말라야의 여러 성자와 현인들의 가르침을 받으며 공부했다. 이러한 열정적인 영적 수행에 매진하던 스와미 라마는 인도와 유럽 두 곳에서 보다 높은 차원의 교육을 받았다.

그는 수도승으로는 가장 높은 샹카라차리야 Shankaracharya 지위에 올랐는데, 히말라야 전통 수행에 정진하기 위해 이 지위를 포기했다. 그는 과학적인 실험에 직접 참여하는 과학자였으며, 45권의 저서를 쓴 철학자, 시인, 건축가, 조각가이자 화가였다. 또한 인도 전통음악에 정통한 음악인이기도 했다.

1969년에 미국으로 건너가서 히말라야협회를 설립한 스와미 라마는 그 후 인도 서북부 데라둔에 의료도시를 건설하고 병원과 대학을 설립하여 의료 혜택을 베푼 박애가이기도 했다.

스와미 라마는 수많은 제자들과 그들이 수행해야 할 많은 분량의 과제를 남기고 1996년 마하 사마디에 들었다. 생전에 영적 카리스마가 넘치는 지도자였지만 어느 곳에서도 그의 동상을 찾아볼 수 없다. 그를 기억하는 많은 사람들은 그의 강렬한 카리스마적 사랑에 이끌려 그가 걸을 때면 자신도 모르게 그의 뒤를 따르게 되었다고 한다.

    리시케시에 있는 그의 아쉬람에 가면 첫 번째 방문이라 하더라도 특별한 에너지를 경험하고 정신적 고요함에 이끌리는 영감을 받을 수 있다.

국제히말라야요가명상협회(아힘신)

Association of Himalayan Yoga Meditation Societies International(AHYMSIN)

현재 스와미 라마에게 전수받은 히말라야 전통의 요가와 명상을 수행하는 센터와 그룹들이 세계적으로 활발한 활동을 펼치고 있다. 스와미 라마의 제자 스와미 웨다 바라티의 주도로 '아힘신'AHYMSIN이라는 국제기구가 조직되었고, 한국에는 원주에 한국지부가 설립되었다.

히말라야 전통의 영적 지도자인 스와미 웨다 바라티는 KIST 교수 이종운 박사의 초청으로 1989년에 처음 한국과 인연을 맺게 되었고, 1990년부터 한사 한숙자 선생이 원주에서 밝음요가교실을 열고 히말라야 전통의 요가를 보급하기 시작했다.

스와미 웨다는 그의 제자들과 함께 1999년부터 한국을 방문하며 명상지도와 강의를 펼치시다가 2015년 7월 14일에 마하 사마디에 드셨다. 스와미 웨다의 뒤를 이어 스와미 리타완 바라티가 순회 교사와 함께 2년마다 한국을 방문하여 히말라야 요가 명상 전통의 가르침을 나누고 있다.

세계 각지에서 같은 내용으로 시행되는 히말라야 전통의 요가 지도자 교육(TTP, Teacher Training Program)은 2001년부터 시작하여 현재까지 성공적인 교육과정이 이루어지고 있는 원주 소재 한국지부를 통해 접할 수 있다.

홈페이지 http://cafe.daum.net/TTPinKorea
이메일 ahymsin.korea@gmail.com
전화 033-748-2968
팩스 033-742-4246